分断される世界経済

「闇の支配者」が目論む
ポスト・コロナ時代の新世界秩序

ベンジャミン・フルフォード
Benjamin Fulford

Divided
world
economy

清談社
Publico

分断される世界経済

「闇の支配者」が目論むポスト・コロナ時代の新世界秩序

ベンジャミン・フルフォード

清談社
Publico

はじめに　バイデン政権が「分断」を解消できない理由

じつはアメリカのジョー・バイデン政権は、まだ〝誕生〟していない——こう言うと奇妙に聞こえるかもしれないが、筆者がそう思う根拠がある。ワシントンD.C.でホワイトハウスの記者章を持つジャーナリストの友人、またそこに滞在するCIA（アメリカ中央情報局）やペンタゴンなどの人間は、「議会もホワイトハウスもほぼ無人状態だ」と口をそろえる。

それにもかかわらず、アメリカの大手マスコミは、いままで見たこともないような顔ぶれの〝議員〟たちをテレビに映し、毎日、ドナルド・トランプの〝弾劾劇〟を放映している。しかし、裁判では「トランプ本人は不在だし、証拠らしい証拠も提出されていない」というありさまだ。

ニューヨークとカリフォルニアを本拠としているハザールマフィア幹部は、この意味のない〝弾劾劇〟をテレビ放映することでトランプ陣営を攻撃しているつもりなのだろう。いずれにせよ、ただの〝茶番劇〟だ。

　イランの最高権力者アリ・ハメネイが「アメリカ以降の時代がすでに始まっている」と言っているとおり、いまはアメリカ大統領の重要性が著しく衰えている。その後の体制は、まだ固定されていないから流動的だ。

　じつはバイデンが出ているテレビ動画はカリフォルニア州カルバーシティにある大手IT企業アマゾンのスタジオで撮影されている証拠が出ている。そんなバイデンのCG（コンピュータ・グラフィックス）がいつまでお茶の間に流されるのか定かではない。

　また、マイケル・フリン元国防情報局長官などによれば、トランプはアメリカ軍に対して選挙泥棒を理由に戒厳令を敷くように進めていた。しかし、トランプは、なぜか露骨な軍事行動を取らなかったため、軍人の多くはトランプに失望してバイデンのCGを乗っ取った。そのため、中国の奴隷政権として誕生したはずのバイデンがいきなり過激な反中発言を始めたのだ。

「バイデン政権を中国の傀儡《かいらい》として差し出す」というハザールマフィアがした約束を反故《ほご》にされた中国は、その仕返しとして、２０２１年１月半ばから末日にかけて、戦闘機を台湾の防空識別圏にたびたび侵入させた。しかし、日本の右翼筋、アメリカ軍筋によれば、アメリカと台湾の空軍に大敗北を食らったという。その舞台裏では台湾勢が中国国内に潜伏する800万人ものネットワークを稼働させて中国共産党の支配を終わらせるべく工作に乗り出していたようだ。

そこで中国は次にパキスタンとミャンマーの権力の中枢を押さえ、「インド包囲網を張った」との情報が複数の筋から寄せられた。要するに、「これ以上、中国を攻撃するなら、インドを侵略する」というアメリカに対する脅しだ。

というのも、近年、アメリカは中国経済を弱体化させるために、工場や資本をインドに移し、インドを中国に対抗する大国に発展させようと計画していたからだ。ただ、アメリカと中国は第3次世界大戦にエスカレートすることを恐れ、軍事的には事実上の停戦状態に入った。

ただし、水面下の経済的な戦いは引き続き繰り広げられている。たとえば、アメリカ軍は武器やハイテク機器の製造に不可欠なレアアース（レアメタルのなかの一鉱種）を手に入れるために、数年前から世界各地で活発に工作を展開している。そのため、一時期は世界のレアアース生産量の98％を中国が占めていたのだが、2018年以降はそのシェアが急激に落ち込んだ。

しかし、2021年2月、クーデターを起こしてミャンマーの国家権力を掌握したことで、中国はさらに10％を一気に手に入れた。それを受けて、アメリカ軍は現在、グリーンランドやオーストラリアなどでレアアースの大量生産に乗り出している。

もちろん、こうした経済的な競争はレアアースにかぎらず、あらゆる分野におよんでいる。しかし、戦いの全体像からすると、やはり、この経済戦争も徐々に膠着《こうちゃく》状態に陥りつつあるといわざるをえない。

このように、アメリカと中国を軸に世界は〝分断〟しているが、2021年には東西の交渉が再び本格化する予定だ。

そんな状況で、日本は再び独立国家になる期間限定のチャンスを迎えている。アメリカがカオスな状況だからこそ、日本は勇気を振り絞って独立を取り戻し、アメリカの言いなりにならず、東西どちらにも与《くみ》しない中立国家として、新たな外交スタンスを獲得できる時期なのだ。

目次

第2章 分断されるアメリカ経済

第3章 分断されるヨーロッパ経済

第4章 分断されるアジア、中東経済

第5章

仕組まれた「ポスト・コロナ」世界の分断

第1章
なぜ世界は分断に向かうのか

2008年9月27日、世界経済フォーラム夏季総会に出席する竹中平蔵。

筆者のもとに彼が送り込んだ者の正体と、彼らの最終的な目的とは?

Wikipedia (CC BY-SA 2.0) World Economic Forum

「ハザールマフィア vs. 欧米新体制派」の激突

かなり長いあいだ、世界では「見えない戦争」が繰り広げられている。その背後には長らく支配をしてきた「ハザールマフィア」の存在がある。

世界各地に「ボヘミアンクラブ」という紳士社交クラブがあり、なかでも有名なのがアメリカ・カリフォルニア州サンフランシスコ市の「ボヘミアンクラブ・オブ・サンフランシスコ」だ。1872年、ゴールドラッシュが終わったころ、同市で発足したのが始まりとされる。

クラブ会員には芸術界、財界、政界、学術界の著名人など、かなりのエリートが集まっている。

じつはここが「モレク」という悪魔の神を崇拝する場所でもあるのだ。モレクは古代中東で崇拝されており、人間をいけにえとする「人身御供《ひとみごくう》」の対象でもあった。

そんなクラブに裏舞台で暗躍する欧米エリートの大物が集まり、「人類の9割を殺す」という「人口削減計画」を立てていたことが中国側の盗聴で明らかになった。

彼らは世界の富の99%を支配する、わずか1%の超エリートだ。スイスの学者による調査で、そのなかのさらにごくわずかの人々が最高の主導権を握っており、その人数が約700人であることがわかっている。この約700人が9割の多国籍企業の役員に重複して就いており、その裏で数名の人物が財団を介して大株主として実効支配しているのだ。

この超エリートの犯罪集団がハザールマフィアであり、「旧体制の支配者」「闇の支配者」などともいわれる。アメリカのドナルド・トランプ前大統領は彼らのことを「クリミナル・ディープ・ステート」（闇の国家）と命名した。

じつはハザールマフィアは必ずしも一枚岩ではない。

まず、アメリカを根拠地にしており、ロックフェラー家、ブッシュ家、クリントン家を中軸とした「テロ戦争派」がある。そのテロを実行する部隊が「ナチス派」で、第2次世界大戦以降、世界中で国際的な犯罪ネットワークを構築してきた。

このナチス派と深くかかわっているのがユダヤ復興を信奉する「ユダヤ狂信派」だ。

そして彼らに対抗するのが欧州を根拠地にする「温暖化派」だ。

国際金融マフィアのドン、ロスチャイルド家を軸に欧州の王族、イタリア・フリーメーソンの「P2ロッジ」などがいる。地球温暖化を唱え、温室効果ガス排出権の取引や世界各国から環境税を徴収して自分たちの利益にしようと企《たくら》む連中だ。

ただ、その環境税で、開発途上国の森を守ろうとした点だけは、いいアイデアだと思う。

この二つの勢力は「人間牧場をつくる」という点では目的が一致しているが、その手段がまったく違う。

テロ戦争派は人類を9割抹殺する「ハルマゲドン」を計画し、温暖化派は断種と、遠隔で読み取れる超小型の半導体チップであるRFID（Radio Frequency Identifier）チップによる「人類の家畜化」を計画してきた。

一方のP2ロッジは最近、裏での大量粛清により、「P3ロッジ」へと生まれ変わった。

このP3ロッジを窓口に、中国を中心としたアジア結社の東洋文明サイドと、キリスト教を中心とした西洋文明の交渉が2020年2月から始まっている。彼らは「世界政府」を新しくつくろうとしている「欧米新体制派」(グローバル派)だ。そして、そのどちらにも与しない第3の勢力「アンチグローバル派」もいる。

この三つの対立軸によって世界が「分断」されているのだ。

中国内部でも派閥が分かれている。アジア結社は「ユナイテッド・ステイツ・オブ・チャイナ」を目指し、日本や東南アジアをすべてひとつの国にしようと動いているが、それに反対する勢力も中国内にいる。

このアジア結社に警戒を感じているハザールマフィアがインド、日本、オーストラリアなどを必死に囲って中国包囲網をつくろうとしている。

このように、従来の「国家」という枠組みでは世界の分断の深層を捉えることはできない。

〈彼ら〉がしかける「人工世紀末劇」

2006年に竹中平蔵《たけなかへいぞう》が総務大臣を辞めた直後、筆者は図らずもこの人口削減計画にかかわることになった。筆者は竹中と対談した際に、「なぜ、日本の上場企業の株式を欧米のハゲタカファンドに手渡したのか」と直接問うた。ハゲタカファンドが3分の1以上の株式を持てば拒否権を得られ、日本の経営者側の権限が著しく損なわれてしまうからだ。

その後、竹中が子飼いの忍者を筆者のもとに送り込み、「人類を9割殺す計画に参加しないか。そうすれば、あなたに日本の財務大臣の座を保証しよう」とそそのかしてきた。これは録音データとして証拠がすべて残っている。

カナダ出身でアングロサクソン・ポーランド・ユダヤ系の筆者は、ある意味で欧米の方法がすべて正しいと信じていた時期がある。

しかし、じつは欧米エリートが人殺しに狂ったマフィア的存在だと知ったとき、

「夫の裏の顔は殺人鬼だった」と気づいた妻のような気持ちに陥ったのだ。

同じころ、旧体制のハザールマフィアと対立する欧米新体制派サイドから「人口削減計画を止めるキャンペーンに参加しないか。欧米のなかで良心的な仲間を探してほしい」とアプローチされていた。こうして、筆者はいつの間にか人口削減計画の渦中に巻き込まれたのだ。

このように、欧米中心の人口削減を目論《もくろ》むハザールマフィア（旧体制）vs.人類家畜化を目論むP3ロッジ（新体制）の対立を軸に、そのどちらにも与しない第3勢力も巻き込み、水面下で「見えない戦争」がずっと続いてきたというわけだ。

ハザールマフィアによる人為的な人口削減を筆者は「人工世紀末劇」と呼んでいる。

その兆候は経済破綻しているアメリカにおける飢饉《ききん》（食糧難）のサインとして表れた。

2020年4月ごろ、収入減や失業によって貧困にあえぐ大勢の一般アメリカ国民が無料配布される食料を求めて数キロメートルにもおよぶ長蛇の列をつくっていた。

これまで発展途上国を支援していた慈善団体も、アメリカ国内での活動を余儀なくされた。

この緊急事態に対処するため、FRB（連邦準備銀行）などの民間中央銀行が実質的に国有化され、一般市民に現金を配り始めた。

アメリカでは成人ひとりあたり1200ドル、子どもは500ドル、4人家族の場合は一家庭あたり3400ドル（当時のレートで約37万4000円）が支給された。

しかし、EU（欧州連合）と日本では各政府内が決裂して実質的な対応がまったくできていなかった。CIA筋は悪質なハザールマフィアに支配されるEUと日本の政府が転覆するのは時間の問題だと伝えていた。

こうして従来の社会秩序が崩壊するなか、水面下では人工世紀末劇の最後を演出する「プロジェクト・ブルービーム計画」も着々と進められていた模様だ。

この計画は、ひと言で表せば「人類の家畜化」。新世界秩序（ニュー・ワールド・オーダー）を完成させるため、たとえば空にキリスト像やUFO（未確認飛行物体）、宇宙人などをホログラムで映し出し、宇宙人に地球が侵略されたように思わせる。それによって人々に恐怖感や危機感を与えて人類を家畜化するという計画だ。

それにともない、未確認飛行物体の映像を含む目撃情報が世界各地で多発した。複数のアメリカの都市で目撃された未確認飛行物体の映像も残されている。

その次には「火山噴火」の演出も予定されているという。複数の情報源によると、現在の人工世紀末劇は2021年7月ごろまでに一段落するようだが、完全に終わるのは同年秋以降だそうだ。しばらくはその行く末を静観するしかない。

人工世紀末劇は悪魔を崇拝し、数千年も前から世界を支配してきたハザールマフィアが長期計画した事件や騒動としても表れている。今回の新型コロナウイルスによるパンデミック騒動もそれだ。

自己顕示欲なのか、彼らの傾向として、事件や騒動が実際に起きる前、もしくは最中にインサイダーにだけわかるサインをところどころにちりばめる。

パンデミック騒動が始まって以降、病院で看護師や医者が踊っている映像が多数、インターネットのSNS（ソーシャル・ネットワーキング・サービス）上に投稿されていた。あたかもそれがインサイダーへのサインであるかのように見えた。

しかし、新型コロナウイルスだけではハザールマフィアが期待したほどの死亡率に達しなかった。そのため、「これからは5G（第5世代移動通信システム）の電磁波による人類の間引きが始まる」といった脅しの連絡がＣＩＡ経由でハザールマフィアから欧米新体制派に届いていた。ちなみに、そのＣＩＡの人間はアジア某国で逮捕され、脅しの大本について調査されていたようだ。

このようなかたちで、世界各地で人口削減計画が進行している。それを引き起こしているのが悪質な欧米エリート、ハザールマフィアなのだ。

餓死と疫病を引き起こす生物兵器

歴史を振り返ると転換点はいくつかあるが、２００１年9月11日の「アメリカ同時多発テロ事件」（9・11事件）が最もわかりやすい。

この事件はイスラム過激派アルカイダによるアメリカに対するテロ攻撃。ニューヨークのワールドトレードセンタービルに旅客機が衝突し、ビルが炎上して崩れ落ちた映像が当時、連日テレビで放送された。約３０００人が死亡し、２万５０００人以上が負傷したとされる。

じつは、この9・11事件はアメリカの自作自演だったことが明らかになっている。詳細は拙著『暴かれた9・11疑惑の真相』（扶桑社《ふそうしゃ》）などをごらんいただきたい。

事件が起きた理由は、1913年にアメリカでFRBが設立されたとき、「100年後に、アジアに世界支配の権限を渡す」という約束をアジアの王族と交わしていたことだ。その王族の末裔《まつえい》には、たとえばインドネシアのスカルノ大統領、中国国民党の蒋介石《しょうかいせき》の妻・宋美齢《そうびれい》などがいる。

アジア王族は当時、莫大《ばくだい》なゴールドを保有していた。そのゴールドをロックフェラーやロスチャイルドにも貸し出しており、そのゴールドをベースにFRBがつくられたという経緯がある。

その際、アジア王族が「次に覇権を握るのはわれわれだ」という約束をハザールマフィアらと交わしていたというわけだ。

これは1938年当時の新聞記事にも書いているが、日本軍が中国を制圧していたとき、アメリカ軍艦が国民党のゴールドをアメリカに避難させた。その代わりに60年国債を国民党に配り、戦争物資の購入資金にあてていた。

戦後、時を経て、1998年ごろにアジア王族がそのゴールドを返すよう要求した。

しかし、アメリカは1971年のニクソン・ショックの際には、すでにリチャード・ニクソン大統領が中国共産党に残りのゴールドを返し、その後、米中国交正常化を果たしていた。一方で、中国国民党が「そのゴールドは共産党のものではなく国民党のものだ」と主張し、アメリカに対して裁判を起こした。その結果、アメリカが敗訴し、裁判所から「中国国民党にゴールドを返還せよ」という命令が下された。

そのゴールドを返還する予定日が2001年9月12日だった。だから、その直前にワールドトレードセンタービルを爆破して話をうやむやにしようとしたのだ。

それを主導したのがナチス派の当主だったジョージ・ウォーカー・ブッシュ（ベイビー・ブッシュ）。要はアメリカでファシストクーデターが起きたのだ。

この9・11事件のあと、「アメリカ愛国者法」という法律が成立した。表向きは法執行機関がアメリカ国内で情報収集するための規制を緩和し、アメリカ財務長官が持つ資産の移動に対する規制の権限を強化するといったテロ対策の法律だ。

しかし、その中身はナチス・ドイツの憲法と瓜二つ《うりふた》だった。

ナチスの独裁者アドルフ・ヒトラーの著書『我が闘争』の文中に有色民族を奴隷にして皆殺しにする計画が記されている。ベイビー・ブッシュになってから、まさにその計画の始まりが見られた。

ブッシュ政権樹立後から人種別に効く生物兵器のばらまきが始まった。そのための生物兵器工場がユーラシア大陸各地につくられた。

アジア人にしか効かない生物兵器としては、かつて中国が起源となったSARS《サーズ》（重症急性呼吸器症候群）などが開発された。

時代が経《た》っても、その流れが綿々と続き、外国勢に従っていた日本の安倍晋三《あべしんぞう》前総理も生物兵器工場として加計《かけ》学園が運営する岡山理科大学獣医学部（愛媛県今治《いまばり》市）を新設したのだ。

加えてハザールマフィアは欧米の農家に補助金を出し、食べ物ではなく、グリーンエネルギーの燃料をつくらせるようにした。

同時にＩＭＦ（国際通貨基金）が長期計画として、発展途上国、たとえばアフリカなどに食糧をつくらせないよう仕向けた。代わりにゴムなどの産業用品をつくらせ、自前で食糧を確保できないようにするという計画が各地で見られたのだ。オーストラリアでたびたび起こる山火事などもその一環である。

そこまで手の込んだことをする理由は、戦争ではなかなか人類が死ななかったからだ。だから、餓死と疫病で人類を間引きしようという計画が長年にわたって実行されようとしているわけだ。

ほかにも、食糧を直接攻撃する生物兵器による人工的な演出もあった。アーミーワーム、稲を枯らすカビ菌、飛蝗《ひこう》（バッタ）などがそれだ。

ユダヤカルトに乗っ取られたカナダ

筆者は、かつてアメリカ経済誌『フォーブス』に所属しており、いわゆる正統派ジャーナリストとして、世界を支配する欧米エリート、ハザールマフィアに近い位置にいた。

そのときは彼らの行いが正しいと信じていた。だから人口削減計画に招待されたとき、正直いってすごく戸惑った。

なぜ、ハザールマフィアが生まれたのか。よくよく調べてみると、欧米権力層がカルト宗教に乗っ取られたことがわかった。

カルトの始まりは17世紀に実在したサバタイ・ツェヴィというトルコ生まれのユダヤ人だ。彼は急進的な救世主待望論（メシアニズム）を掲げ、彼を救世主と信じた集団が「サバタイ派」と呼ばれた。ユダヤ人だけで約100万人の信者がいたそうだ。

旧約聖書の預言には二つの勢力「ゴグ」と「マゴグ」による世界大戦を演出し、最終的には悪魔教徒が人類を支配するという「ヨハネの黙示録」なるものがある。

ツェヴィにはそれを「神の力ではなく人類の手で実現する」という目的があった。

その後、サバタイ派ユダヤ、もしくはサバタイ派フランキストという派閥が形成され、ユダヤ人のなかにそうしたカルトメンバーが増えた。トランプ・アメリカ前大統領の娘イバンカの夫（トランプの義理の息子）であるジャレッド・クシュナーもそのひとりだった。

さらに、旧約聖書の預言を、彼らは、「ゴグとマゴグが戦って人類の9割が死に、残り1割がユダヤ人の奴隷になる、具体的にはユダヤ人ひとりあたりに2800人の奴隷が与えられる」と狂信的に解釈している。

この教えにもとづき、カルトメンバーは独自解釈した預言を実現しようとしている。こういう人たちがイスラム教徒、キリスト教徒、仏教徒など、さまざまな宗教の皮をかぶって行動するわけだ。そうやって、少しずつ権力を乗っ取ってきた。

たとえば、カナダの事例でいえば、ジミー・シンクレアという人物がいた。彼はスコット系フリーメーソンをつくった一族だ。その娘のマーガレットが1971年、ピエール・トルドーというカナダ首相と結婚した。

その後、マーガレットはキューバ革命の指導者となったフィデル・カストロと浮気し、子どもが生まれた。その子どもが現カナダ首相のジャスティン・トルドーだ。その証拠は山ほど残っている。

ある日、ジャスティン（カストロの息子）が弟のミシェル・トルドー（ピエールの息子）とスキー旅行に行った。それでジャスティンひとりだけが帰ってきた。

彼は「ミシェルは雪崩で死んだ」と証言したが、遺体も証拠も見つからなかった。

ただ、事実として、ふたりで旅行し、ひとりだけが生還したのだ。

要はカルトメンバーがカナダ権力に潜り込むために邪魔者を殺したという疑いが強い。これによって、カナダはカルトメンバーに乗っ取られた。

その後、何が起こったか。これまでパレスチナ問題では中立だったはずのカナダが突然、イスラエルの不公平な言い訳に対して狂信的に「全面的に賛成する」という立場になったのだ。長年の外交方針をすべてひっくり返したことになる。

核戦争工作の司令塔はスイスにある

旧約聖書の預言に、「ユダヤ人はみんなイスラエルに戻り、ユダヤ人がエルサレムから世界を支配する」というものがある。その計画を実行するため、イスラエルという国をつくるべくカナダ首相が利用されたのだ。

日本の場合、明治《めいじ》天皇の母・中山慶子《なかやまよしこ》がハプスブルク家の姫だったという情報が寄せられている。

彼らは必ず母親から潜り込む。なぜなら、子どもを調教して彼らの帝王学を学ばせるためだ。

このように世界支配を長年かけて実行してきたのがハザールマフィアの実態だ。普通の人なら100年、200年単位でものごとを計画しないが、彼らはそれくらい平気でやってのける。長期スパンで世界の各国政府を少しずつ乗っ取っていくわけだ。

ドイツのヒトラーも同じで、彼は大英帝国のヴィクトリア女王の孫であることがわかっている。ヒトラーはユダヤ人をイスラエルに還《かえ》す計画のためにユダヤ人を欧州から追い払った。

ユダヤ人がナチスの弾圧を受ける一方、イスラエル以外どこもユダヤ人を受け入れてくれなかった。そうやってイスラエルに行くように仕向けた。

こうして、いつの間にか、世紀末預言を実現しようとするハザールマフィアがさまざまな国を乗っ取ってきた。逆に、乗っ取れなかった国が中国、インドとアフリカだ。どうしても洗脳できなかったから、中国人、インド人、アフリカ人は殺すという方向に転換した。

ハザールマフィアは、狂信的で、すべては運命で定められており、決して抗《あらが》えないという思想を持っている。だからこそ、人口削減計画を何度も何度も繰り返し試みている。

たとえば、1962年、ソビエト連邦（現・ロシア）がキューバに核ミサイル基地を建設していることが発覚して「キューバ危機」が起こり、アメリカとソ連が全面核戦争の一歩手前になった。

そのとき、ハザールマフィアのひとり、ベンジャミン・フリードマンという経済学者が計画を内部告発した。これは有名な話だ。

その後もハザールマフィアはイラン、中国、ロシアをゴグ、G7（フランス、アメリカ、イギリス、ドイツ、日本、イタリア、カナダ）をマゴグという2大勢力に見立てて両者を戦争させて皆殺しにしようとしたりした。そして、残った人間を家畜にする。そういうことが、なんとユダヤの一般新聞でもいわれていたのだ。

だから、イランとイスラエルのあいだでは何度も戦争が起ころうとしていた。日本でもNHKを見ると、1990年代から30年間くらい、「イランがあと数カ月で核兵器を持つ」と何度も報じられた。

よくよく調べてみると、イランとイスラエルはともに同じ指令軍だった。スイスのツーク州という場所にあるロスチャイルド家のアジトから両方に命令が出されていたのだ。

筆者は、なぜツーク州にたどり着いたのか。

この街には「グレンコア・コモディティーズ」という企業がある。その創業者のひとりであるマーク・リッチという人物は相場師として1970年代のオイルショックの際、巧妙な原油取引で巨万の富を得たことで有名だ。

一方で、リッチは脱税やイランとの不正取引などで1983年にアメリカの検察当局から起訴されてアメリカに戻れなくなっていた。

リッチは2001年、当時のアメリカのビル・クリントン大統領に恩赦を受けて免罪されたが、そんな彼が「イランとイスラエルが戦争するぞ」と世界の新聞を使って煽《あお》っていた。こういう権力者たちが世界各地の権力を乗っ取るためにマスコミを洗脳道具として使っていたのだ。

ちなみに、リッチは、そのプロパガンダで石油相場を操縦し、巨額の資金を得てイラン政府とイスラエル政府の両幹部に賄賂を渡していた。じつはそれを指示していた場所こそがスイスのツーク州にあるロスチャイルド家のアジトだったというわけだ。

ところが、その戦争工作はうまくいかず、今度は日本と北朝鮮のあいだで戦争を起こそうとした。たとえば、2018年、イスラエルの潜水艦がハワイで核弾道ミサイルを発射したことがあるが、それを北朝鮮のミサイルだという風説を流布しようとしたのがそれだ。しかし、結局イスラエルの潜水艦はハワイでアメリカ軍の迎撃に遭い、この計画は失敗した。

新型コロナウイルスが覆い隠した5G電磁波攻撃

最近のニュースでアゼルバイジャンとアルメニアの両国が「ナゴルノ・カラバフ地域」領有をめぐって紛争する様子が報じられていた。

よくよく調べてみると、数年前からイスラエルもロシアもグルで両国に武器を売っていたことがわかった。

アゼルバイジャンはイスラム教で、トルコが軍隊を送り込んでいた。一方のアルメニアはキリスト教で、いざとなればロシアが軍隊を送り込む。

トルコはいちおうNATO（北大西洋条約機構）同盟国だから、ハザールマフィアは犬同士（アゼルバイジャンとアルメニア）でケンカさせておき、そこから飼い主同士（トルコとロシア）のケンカに発展するよう誘導していた。

似たようなことはトルコ軍のシリア侵攻でも起こっていたし、中国とアメリカのあいだでも起ころうとしている。

ハザールマフィアは、とにかく念願の第3次世界大戦を、なんとしても起こしたいという連中なのだ。新型コロナウイルスも人口削減計画の一環で、筆者もくわしく調べたが、結局のところ、生物兵器をばらまこうとしていただけのようだ。

しかし、過去も含めて、生物兵器はすべて不発に終わっている。人類の集団免疫ができるからなのか、はたまたほかの理由があるからなのか。それはよくわからない。

そこで新たに登場したのが5Gだ。

2013年のノーベル医学賞の論文を見ると、ある電磁波を発信すると、人間の体にある細胞内のイオンが刺激されて細胞が破裂し、目や肺から出血してしまうという。そんな特性を生かし、5Gによって中国・武漢《ぶかん》で大量に人が死んだ。そして新型コロナウイルスという生物兵器のストーリーを流布して5G攻撃を覆い隠し、メディアを使って武漢が発信地だと盛んに騒いだ。

武漢にはたしかに、生物兵器の根源といわれる生物兵器研究所がある。しかし、ここはハザールマフィアのメンバーで投資家のジョージ・ソロスが創設した財団が出資しているのだ。

そんな武漢で5Gがプッシュされ、街全体でみんなの端末と衛星が連動させられた。それによって膨大な数の人間が死んだとされている。CIAによると、その数は2000万人規模だという。

これが電磁波攻撃だと判明すれば、敵の姿が白日のもとにさらされてしまう。だから、そこから目をそらすために、目に見えない未知のウイルス、新型コロナウイルスが襲ってきたというキャンペーンを一所懸命、世界中で展開してきたわけだ。

ところが、新型コロナウイルスがうまくいかなかったのは欧米当局、日本当局が「原因は5G」だと突き止めて、すぐに5Gを止めたからだ。

日本の場合、新型コロナウイルスが始まったのと同時期に、新聞記事に「5Gが始まる」と打ち出された。

筆者は「これはまずい」と思い、安倍内閣の参謀に「とにかく5Gを止めろ」と電話した。しかし、その参謀は「役所は頭が固いから」とごまかしていた。そこで筆者は「とにかく安全確認してほしい」と訴えて、政府はようやくダイヤモンド・プリンセス号というクルーズ船内で5Gの電波を飛ばした。新型コロナウイルスの船内感染で有名になった、あの船だ。

そうすると、船内で人間が次々と死に始めた。だから政府は5Gを止めた。もし、その確認作業がなければ、日本でも何百万人、何千万人が死んでいたかもしれない。

5Gによる電磁波攻撃を新型コロナウイルスのパンデミックだという理由をつけて、それならしかたないという風潮にしてしまった。人口削減計画は、そこまで目に見える恐怖になっているのだ。

ワクチンとソーシャルディスタンスの真の目的

人間牧場を目指すハザールマフィアは、「金持ちだろうと貧乏だろうと、あらゆる人類は獣の印（666）がないと、ものを売買できなくなる」という新約聖書の預言を実現しようとしている。

それも新型コロナウイルスが関連している。つまり、新型コロナウイルスの予防接種（ワクチン）を受けた証明書がなければ、ものの売買ができないようなカラクリをつくろうとしているのだ。

トランプの義理の息子、ジャレッド・クシュナーが2006年、アメリカ・マンハッタン5番街666番地にある高層ビル「666フィフスアベニュー」を18億ドルもの超高額で購入した。

じつはそのビルのなかには「ルーセント・テクノロジーズ」（LT）という企業が入っていた。

ＬＴ社は、もともとアメリカの情報通信、メディアコングロマリットのＡＴ＆Ｔの研究開発部門で、人間に埋め組む半導体を研究開発していた。

現在はＲＦＩＤチップが開発されている。新型コロナウイルスで人類を殺し、残った人類に対しては家畜化するため、パンデミックを理由にワクチン注射を打ち込む。そのワクチンのなかに遠隔で個人データを読み取る超小型のＲＦＩＤチップが入っているという算段だ。

ただ、その技術にも限界がある。個人データを読み取るには一定距離が必要なのだ。そこで出てきたのが、わざと人間に一定距離を取らせる「ソーシャルディスタンス」という概念だ。

５Ｇを使った電磁波攻撃で人間を殺し、それを新型コロナウイルスのせいにする。それで死ななかった人間にはＲＦＩＤチップを埋め込み、チップがなければ食べ物すら買えないようにする。そういうかたちで、ハザールマフィアは人間牧場の完成を狙っているのだ。

「三つの対抗勢力」と「七つのエリア」

ハザールマフィアとは別に「世界連邦」をつくろうとしている勢力もある。それこそが中国を軸としたアジア結社、ローマ教皇フランシスコ、そしてイギリスが中心の「欧米新体制派」だ。

彼らは世界連邦、統一宗教をつくろうとしている。これはフランシスコ教皇の動きを見ればわかる。イスラム教や中国共産党と次々に和解協定を結んでいるからだ。

このグループが、現行の安全保障体制を別のものに置き換え、人を殺さず、貧困や環境対策をしながら、七つのエリアで構成された世界連邦を誕生させようとしているのだ。

「7」という数字は、G7もそうであるように、ものごとを決めるのに効率的だ。たとえば、会議でも大勢で話が散らかるより7人の責任者が集まって話し合ったほうが効率がいい。

ここでいう七つのエリアとは、①「ユーラシア、欧州圏」、②「中華圏」、③「東洋太平洋圏」、④「アメリカ圏」、⑤「アフリカ圏」、⑥「イスラム圏」、⑦「インド圏」だ。

①はロシア正教でまとまったロシアを中心にキリスト教圏で固まる。軍事はロシア、経済は欧州各国が担う。②は中国が単独でひとつのエリアとして存在していくだろう。③では日本が中華圏に入るとほかとのバランスが崩れるため、韓国、ASEAN（東南アジア諸国連合）、海洋エリアでまとめることでバランスを取る。

④はアメリカを中心にキリスト文化圏の中南米と組む。⑤は21世紀の主役となるポテンシャルを持っており、要注目だ。⑥ではアラブ、トルコ、旧ペルシャの3系統のイスラム圏がゆるやかにまとまっていく。⑦は②と同様に人口動態でバランスの取れたインドが単独でエリアを形成する。

このように、人間牧場を目論むハザールマフィア、欧米新体制派（グローバル派）、そのどちらにも与しないアンチグローバル派がいる。この三つの勢力が拮抗《きっこう》しているのが、いまの世界勢力の構図だ。

欧米新体制派は、まるで合気道のように、自分たちへの攻撃を利用して情勢を自分たちに有利に持っていこうとしている。彼らは今回のパンデミックを野蛮部族で大人になるための儀式に見立てて人類に押しつけ、旧来のシステムが何もかも変わったと知らしめるためのイベントとして考えている。

ハザールマフィアも欧米新体制派も、どちらも似たような動きだが、双方の思惑はまったく違う。いずれにせよ、最近は地球を支配しようとしている勢力の変化が目に見えるようなってきた。

「リベラルvs.保守」分断の構図

最近、リベラルと保守でイデオロギーが分断しているという話を耳にすることもあるが、それについて少し考えてみよう。

筆者の祖父はカナダのリベラルの国会議員だった。父もリベラルだった。しかし、そのリベラルと、アメリカの保守派が言っているリベラルとは少し違う。

いま、アメリカでは黒人大統領に反発を感じている白人がトランプの背後にいる。

こういう人たちのなかに行きすぎたLGBT（レズビアン、ゲイ、バイセクシャル、トランスジェンダー）を推進したり、子どもとセックスしてもいいと言ったりする人がいる。黒人優遇の入学政策にものすごく反発していたりもする。

こうした歪《ひず》みはユダヤ社会のなかにもある。アメリカにいるユダヤ人で、労働組合を中心とした勢力がトランプ政権に猛反対していた。一方で、イスラエルにいるユダヤ人はトランプをかなり支持していた。それだけを見ても、アメリカのユダヤ人とイスラエルのユダヤ人とのあいだには大きな分断がある。

また、大統領選挙のさなか、ユーチューブがトランプ寄りの動画を4000本以上削除した。それに対して、司法省が独占企業としてグーグルを訴えた。これはかなり強い影響があるはずだ。マイクロソフトもそれでかなりやられたからだ。グーグルは広告ビジネスと検索ビジネスが分断させられる可能性が高い。

その裏にあるシリコンバレー、いわゆるフェイスブック、マイクロソフト、アップル、アマゾンなどが政府を脅かすほどの力を増してきたから、そうした内部分断が起こっている。

本当の世論調査ではトランプは80％以上、バイデンは9％の支持だったから、当初はまったく勝負にならなかった。ただ、選挙の動向を見るとわかるように、もっと根深い社会問題が横たわっている。

アメリカ国内のエリア的な分断でいえば、中西部から南東部にかけてプロテスタント、キリスト教根本主義、南部バプテスト連盟、福音派《ふくいんは》などが熱心に信仰されている「聖書地帯」（バイブルベルト）vs.東、西海岸という構図が生じているのだ。

フェイクを見抜くニュースの読み方

世界のニュースを見るとき、複数の情報源を同時に見るのがポイントだ。

とくに大手マスコミは半分くらいウソをついている。テレビでも新聞でも、新型コロナウイルスに関するニュースはだいたいフィクションだ。

これは実際に医療現場に足を運んでみればわかる。マスクなどは医学的にほとんど意味をなさない。それは多くの医者による調査データとして出されている。

こうしたウソ情報に振り回されないためにはどうすればいいか。

筆者は世界各国の当局が運営しているニュースサイトを見ている。たとえば、アメリカ海軍参謀が出している『SORCHA FAAL』（whatdoesitmean.com）というサイトは世界の新聞をもとにしたニュースもあるし、自分たちで書いた記事もある。アメリカ海軍はイギリス海軍ともつながっている。

ここは記事によって1割から9割までウソが混在している。要は1割が本当で9割がウソの記事もあれば、9割が本当で1割がウソの記事もあるというわけだ。

これは他者に誤報をわざと読ませるために本当の情報も少しだけ混ぜるという手法だ。筆者はこれまでの経験から、どこまでがウソか本当かを判断している。

ほかにも、『DEBKA.com』というイスラエル軍の参謀が運営しているサイトがある。ここの情報も虚実が入り交じっている。ただ、強い権力を持つ軍事当局が運営しているから必ずチェックする。

『The Rumor Mill News』というハプスブルク家フリーメーソンのサイトも見ている。

ここはＣＩＡが介入している。

筆者は実際にスパイの人間と会い、こうしたサイトを見るようすすめられた。また、一般大衆にどんなウソを流されているのかを確認するため、大手マスコミのまとめサイトも欠かさずチェックしている。読売《よみうり》新聞であれ、朝日《あさひ》新聞であれ、当局の正式報道と照会すれば、真偽がわかってくる。

日本の場合、地元メディアが出している地元ニュースは真実が多い。一方で、日本で放送される国際ニュースは、すべてアメリカ当局の意図が含まれている。ＮＨＫで筆者の友人が働いているが、敷地内にはアメリカ軍がおり、放送内容が事前にチェックされているという。だから、ＮＨＫの国際ニュースは「大本営発表」なのだ。

人間というのは知り合い、そのまた知り合いとたどっていけば、おおむね６人で地球上の誰とでもつながれるという計算がある。

筆者もそうやってツテを頼ることはあるが、その際は必ず直接会ったことがある人、自分の目でその人を見て手で触れたことがある人の存在を大切にしている。

FSB（ロシア連邦保安庁）の関係者と連絡を取るときは、かつて1カ月ともに滞在したことがある人物を頼っている。その人とは信頼関係が築かれているからだ。また、ペンタゴン（アメリカ国防総省）から、わざわざ筆者に会いに来てくれる人もいる。

MI6（イギリスの秘密情報部）の人は直接会ってはいないが、手書きの手紙を交換している。AI（人工知能）では、まだ手書きで手紙を書き、封筒に入れて送るという作業ができない。だから、アナログでやりとりしているわけだ。

このように、実際にその人たちが存在することを確認しながら取材している。

筆者はジャーナリストだから、わざわざそうした手続きを取っているが、一般人にとって大事なのは自分に最も身近なことだ。たとえば、自分と家族、自分とペットとの関係は米中関係より大事なのだ。

それをしっかり認識したうえで、大きな世界の流れが自分に影響をおよぼすようなら、直接現場に行って聞いてみよう。

「新型コロナウイルスのワクチンを打ちましょう」という報道が流れ始めたら、医者に安全性について直接尋ねるなど、みずから現場で確認する作業が大切だ。

筆者は、あまりにも矛盾やデマに覆われた情報が多い媒体だと感じたときは、あえてそのすべてを見ないようにしている。

寡占的なアメリカの情報発信

いずれにせよ、自分が信頼できる情報源の順序をしっかり決めよう。

あとは、自分が毎日会っている人、毎日行っていること、職場や家での生活を情報の中心として据えたほうが間違いが少ない。

大きな流れを捉えようと思えば、ネット上にはさまざまなニュースサイトがある。ただ、筆者はジャーナリストだから、なるべく一次情報を大切にしている。すでに文章や動画になっている情報は誰かに先に取られたネタとみなす。だから、表に出ていない情報を現場で直接聞き、独自のネタとして扱うようにしている。

一般人でも、それに近いことはできるだろう。身近な問題は地元の政治家、国会議員、役所などに直接聞けばいいからだ。自分の生活にとって大事な話はそうしたほうがいい。

とにかく昔からウソの情報が多すぎる。マスコミのニュースの信頼度も非常に落ちている。筆者は基本的にテレビのニュースはいっさい見ない。朝から晩までウソばかりだからだ。

アメリカの場合、昔は何万社というテレビ局、新聞社、ラジオ局、独立したメディアがあった。みんなで現場に行き、それぞれ独自の情報を出していた。

しかし、2014年ごろ、9割の情報が大手のたった数グループから発信されているという有名なデータが発表された。テレビ、新聞、ラジオのみならず、教科書や映画にいたるまで、この大手の数グループが独占していたというわけだ。

その一方で、筆者のような独立系ジャーナリストは権力者にとても嫌われるし、最悪の場合、殺される。実際に真実を暴かれるのを嫌う勢力から筆者の仲間もたくさん殺されたし、筆者自身も6回以上、暗殺未遂を経験した。

だから、大手マスコミはまったく信用できない。

ここまで来たら、軍事介入してでも、ウソを真実としてニュースにしたら犯罪にすべきだ。いまはそうした「フェイクニュース」をやりたい放題なのだから。今回の新型コロナウイルスのパンデミック騒動がわかりやすい事例だ。

筆者もパンデミック騒動後、東京医科歯科大学医学部附属病院など、いくつかの大きな病院を自分の目で見に行った。すると、すぐにウソだとわかった。しかし、マスコミは朝から晩まで「新型コロナウイルスが……」と連呼し、「マスクをしろ」と触れ込んでいた。これは非常に悪質な世論の乗っ取りだ。

アフリカの大統領に暴露されたロックフェラーの計画

筆者のもとにはフランス当局から連絡が来る。そのなかで、2015年に取得された「ロスチャイルド」を名乗るパテントをフランス当局が発見したと聞いた。

それこそが携帯電話やアップルウォッチなどの端末から人間の呼吸パターンや血液の流れまでを遠隔で測定し、個人識別までできてしまうという技術だ。

それを発展させて、より綿密に社会を管理するため、新型コロナウイルス・キャンペーンが展開された。家に閉じこもらないといけないという恐怖心を煽り、ソーシャルディスタンスを啓蒙《けいもう》し、完全なる人類家畜化の社会をつくろうとしている。

今回のパンデミック騒動は、医学的に考えるとナンセンスだと気づく。

発生源は中国・武漢だったが、その周囲の街や中国全土にはほとんど拡大しなかった。従来のパンデミックと比べると、まずそこがおかしい。いきなり全世界に同時多発的に発生した。それが医学的にはありえないのだ。

洗脳されて信じ込んでいる記者の新聞記事を見ると、「アフリカで発生しないのは医学の謎だ」との見解が散見された。

アフリカで発生しなかった理由は、はっきりしている。

タンザニアのジョン・マグフリ大統領が新型コロナウイルスの検査キットで果物、ヤギからも陽性反応が出たと暴露した。さらにガーナのアクフォ＝アド大統領が、ひそかに入手したロックフェラー財団の内部文書を国民の前で読み上げ、ロックフェラーやビル・ゲイツらによる計画だったことが暴露された。

アフリカの国々は、いっさいこのキャンペーンにはつきあわなかったのだ。

欧州でも、ベラルーシのアレクサンドル・ルカシェンコ大統領が悪者としていきなりニュースに出始めたのには理由がある。

ルカシェンコは自国の国営通信で「じつはIMFと世界銀行から9億4000万ドルの賄賂と引き換えにパンデミック騒動を起こし、戒厳令に近い状態にして軍事政権を起こし、国民にマスクをつけさせせよという命令を受けた。だが、それは断った」と告発した。

だから、いきなり「ルカシェンコは悪いやつだ」という報道が飛び交ったのだ。要するに、ハザールマフィアは賄賂をばらまいてパンデミックを起こして、それに従わない者たちを悪者扱いしていたわけだ。

アフリカに関しては別の動きもある。

FSBの情報によれば、どうやらスベルバンク（ロシア貯蓄銀行）がアフリカの銀行を乗っ取っていたらしい。そして電子マネーを広げるため、すべてのアフリカ人に無償でカメラつき携帯電話を渡していた。

その理由は情報収集だ。携帯電話を持たないアフリカ人が多いから、洗脳しようがないのだ。つまり、アフリカはハザールマフィアによる電子マネーとインターネットを使った洗脳管理網の大きな穴になっていたから、一所懸命に自腹を切ったのだ。このような恐ろしいことが水面下で進んでいる。

また、イギリス当局の話だが、ロスチャイルド家はインチキ陽性結果が出るＰＣＲ（Polymerase Chain Reaction）検査の特許も持っていた。その目的は他国の国債価格を暴落させて二束三文で買い占め、自分たちの管理を強化するのが狙いだという。新型コロナウイルス・パンデミック騒動は世界の国債相場の操縦と乗っ取り計画の一環でもあるのだ。

唯一、このハザールマフィアを止められるのは良識ある軍隊しかいない。表に出ている政治家はだいたい賄賂漬けか、脅迫されているかだ。そこまで状況が堕落してしまっている。

「人類を管理できないなら皆殺しだ」

ハザールマフィアは権力を失う恐れがあるいま、なんとか戦争を起こそうと必死だ。一方で、人類に対する洗脳管理網が崩れてきたのも、彼らは理解している。彼らの行いに反対するデモが各地で起きており、軍事当局もすごい勢いでハザールマフィアの暗殺や逮捕に踏み切っている。

ハザールマフィアが実行しようとしているのは、たとえば大学入試の勉強をしなかった人間が、「このままだと大学に行けない。それなら、いっそのこと大学ごと放火して焼失させてしまえ」と発想するのと同じだ。

要は人間牧場計画がうまくいっていないから、いっそのこと人類を皆殺しするために戦争をするしかないという方向に誘導している。

かつてベンジャミン・フリードマンはキューバ危機を告発したが、彼は何度もハザールマフィアによる第3次世界大戦の可能性についても内部告発してきた。

じつは筆者も内部告発者のひとりだ。冒頭で触れた竹中平蔵が人口削減計画を企んでいたという告発もそのひとつである。

中東の戦争、インド対パキスタンの戦争、最近では中国対台湾の紛争、アゼルバイジャン対アルメニアの紛争など、すべてハザールマフィアが権力強化のために仕組んでいる。

日本人には理解しづらいかもしれないが、ハザールマフィアはゴグとマゴグの2極が戦って人類の9割が死に、残りの1割がユダヤ人の家畜になるという、旧約聖書の世紀末劇を人工で実現させようとしている。

ただ、こうした意図的な戦争工作は、いつも失敗している。

その理由はアメリカ軍がスーパーコンピュータで軍事ゲームとしてシミュレーションしているが、毎回同じ結果になるからだ。

つまり、全面核戦争になって地球の北半球に人が住めなくなり、人類の9割が死ぬ。アメリカ軍としてはそこまでしたくないから、表向きは戦争をするといっても実行しないことも多々ある。

近々、台湾がらみで驚くようなことが準備されているという話も聞くが、結局は全面戦争にはいたらないだろう。

ハザールマフィアは世界のお金の根源を握っている。世界銀行、IMFを使って無からお金を生み出せるから、ドル札を配って戦争を起こそうとしている。しかし、結論として、第3次世界大戦は起こらない。なぜなら、各国の大きな軍隊同士で連絡を密に取り合っているからだ。

ドルを掌握して各国首脳を脅す「バチカン銀行」

はっきりいって、ドルはアメリカのものではない。では、ドルの根源はどこなのか、読者のみなさんはご存じだろうか。

筆者が現場取材を続けていくうちにたどり着いたのが、旧ローマ王族の子孫、P3フリーメーソンだ。

国際連合は株式会社として登録されており、持ち主がいる。じつは日本国もアメリカ証券取引所で登録されている株式会社で、持ち主がいる。そして、その持ち主が日本人ではないということを現場で確認した。

国連の持ち主のほとんどがカトリックの総本山でローマ教皇が住むバチカンの「バチカン銀行」だ。彼らはハザールマフィアの一員で、本当の名前は「宗教事業協会」といい、宗教的な事業を興すところだ。

どこかの国で新しく大統領や総理大臣が就任すると、バチカン銀行の人間が必ずその人物のもとを訪れる。そこで通帳を渡される。国によって100億円、1000億円単位で入金されており、「このお金を受け取って、われわれの一員になるか、拒否して殺されるか。どちらかを選べ」と脅迫してくる。

世界の動きをフォローするには、そんなバチカン銀行の人事動向を見ておく必要がある。

2019年4月ごろ、オーストラリアのジョージ・ペル枢機卿《すうききょう》が性的児童虐待で有罪判決を受けて刑務所に入った。

筆者は当時、「何? またやられたのか。あそこは腐っているからな」くらいに思っていたが、オーストラリア最高裁では無罪になった。判決がすべて覆されたのだ。するとと、今度はジョヴァンニ・ベッチウという別の枢機卿がクビになった。よくよく調べると、彼は80万ドル使って裏工作し、ペルの罪の証拠を捏造《ねつぞう》していたのだ。じつはフランシスコ教皇はバチカン銀行の大掃除をしようとしていた。しかし、その役目を果たすべきペル枢機卿が冤罪《えんざい》で刑務所に入ってしまい、ベッチウ枢機卿によってお金の出どころが握られっぱなしになってしまった。

そのころから新型コロナウイルス・キャンペーン計画が本格的に動き出した。ところが、ベラルーシやモザンビーク、ガーナなどの指導者の証言で世界銀行、IMFから賄賂をもらってインチキ・パンデミック騒動が起こされたという内部告発が出た。

その裏で賄賂をばらまいていたのが、ほかならぬベッチウ枢機卿だったのだ。そこに見えない権力があることがわかった。

そのベッチウ枢機卿がクビになり、ペル枢機卿が再び戻ってきたことで、パンデミック騒動は一段落した。

この一連の出来事からも、バチカンという日本人にはなじみのない組織で、そこにいる元老の工作が世界に影響をおよぼしているのが垣間見《かいまみ》える。

ゴールドという「宝」を持つアジアの強み

筆者は「ドルはアメリカの通貨ではない」ことを正確に理解するのに長い時間を要した。

ドルの発行の大本は一神教、バチカン銀行であることはすでに述べたが、そこにユーロも日本円も組み込まれている。そして、その司令部がスイスにあるロスチャイルド家のアジトだ。これは現場取材しなければわからなかった。

この通貨体制とは別に、アジアには中国の人民元など伝統的なゴールドの蓄えにもとづいた通貨体制がある。

ローマ時代の歴史文献などからわかるように、アジアは欧米にスパイス、焼き物、絹（シルク）を輸出してきた。欧米はその代金を金銀で支払っていたから、結果として世界の金銀の85%がアジアに集まった。

ところが、欧米権力は1971年のニクソン・ショック以降、ゴールドを正式な通貨として認めておらず、自分たちのハンコがないゴールドはブラックリストに載せている。そこで中国は金本位制から石油・ドル本位制に移行したあと、上海《シャンハイ》に石油とゴールドが交換できる独自の市場をつくったというわけだ。

一方の欧米人が持っているのが、さまざまな国で使えるドル紙幣なのだが、ドルも国別に存在している。

たとえば、中国が対アメリカの貿易が黒字になったとすれば、その黒字分のドルが中国で印刷され、ラップをかけて、蔵に入れて保管されている。

現金を使わない時期もあるが、最近は中国が現金（ドル）を持参してアフリカなどに行き、インフラ整備などを通じて、みずからの国力を拡大してきた。その一端が「一帯一路《いったいいちろ》政策」だ（第4章参照）。

ゴールドがない欧米は、なんとか自分たちの管理能力を失わないよう、アフリカで携帯電話を無償配布して電子マネーを広めようとしている。

日本でもハザールマフィアの奴隷である竹中平蔵がマイナンバーを使ったデジタルシフトによる「ベーシックインカム」を唱えているが、これもワクチンでRFIDチップを入れる工作とともに、欧米の社会管理を強化しようとしている一環だ。

一方で、ハザールマフィアに対抗するために中央管理ではないブロックチェーンが編み出され、第三者抜きで個人間で直接お金のやりとりができる「ビットコイン」、いわゆる仮想通貨という試みも出てきた。

そんな仮想通貨をハザールマフィアが脅威に感じて止めようとしている。

いずれにせよ、貿易黒字の現物密着型の金融システムのほうが現物のゴールドという宝を持ちながら対外黒字である中国や日本にとっては有利なのだ。それに反対する欧米勢力が携帯電話管理システムを広めて、なんとか権力を保持しようとしている。

ポスト・コロナを席巻する「ハイブリッド戦争」

ローマ教皇もアメリカ大統領も天皇陛下もそうだが、国印を持つ人には裏のやりとり、手の込んだ世界があり、そこでさまざまな戦いが起こっている。

インターネットを使ったソーシャルメディアやユーチューブでの喧伝《けんでん》、電子マネーのばらまき、現金による賄賂、大手マスコミを使ったプロパガンダ、暗殺、戦争など――それらすべてを余すところなく駆使するのが「ハイブリッド戦争」だ。

性的児童虐待を捏造するのもそうだが、細部にいたるまで工作することで、世界で騒動を起こしている。

ほかに飛蝗（バッタ）を使う方法もある。サウジアラビアの砂漠に人工で雨を降らせて葉や草を生やすと、飛蝗が急激に増えてアフリカやインドの食糧地帯を襲う。そんな攻撃が、いまでも現実に起こっている。

ハイブリッド戦争にも規模が大きいものがある。日本でいえば、2016年の熊本地震などがそうだ。第2次世界大戦のとき、現在の自衛隊駐屯地などにたくさんの地下基地がつくられたが、そこが攻撃された。

地震データでは自衛隊駐屯地が震源で、しかも波長はすべて人工地震のそれを示していた。自然地震は長時間揺れが続くが、人工地震は最初に大きな爆発が波長として表れる。熊本地震の波長が後者だったことは防災科学研究所という日本の公的機関のデータからわかっている。これはインドでの核実験で起きた地震と同じ波長でもある。

このように、ハイブリッド戦争が世界各地で起こっているのだ。そのなかには気象を操作する気象兵器も含まれている。

気象兵器といえば、米ソ冷戦時代、世界の大手新聞、日本の読売新聞や朝日新聞などでも「人工気象兵器で米ソ交渉」といった見出しが躍っていた。気象兵器がなければ、国際条約をわざわざ結ぶ必要もない。

昔から海底に原子爆弾を埋め込んで津波を起こす兵器は存在する。たとえば、2011年3月の東日本大震災というビッグテロがその系列だ。

また、「スカラー波技術」を使って電磁波を飛ばし、地震などを人為的に引き起こせるという科学兵器もある。電磁波を使えば旱魃《かんばつ》と津波が起こせるというワードが1975年ごろの新聞でも実際に出ていた。

電子レンジと同じ現象で、普段のハリケーンや台風などに電磁波を混ぜて火力を上げることも行われている。

気象兵器を使えば洪水も起こせるから、少し前には中国の三峡《さんきょう》ダムがかなり攻撃を受けていた。これもアメリカの気象兵器による中国への攻撃だ。ところが、2020年、株式会社アメリカの倒産とともに、その攻撃が次第に止まった。

じつは日本には気象兵器を防げる力があるらしい。たとえば、NHKなどが「これから東京にものすごい台風が来るから、窓にテープを貼ろう」などと恐怖心を煽っても、ふたを開けてみれば大雨だけだったということはままある。

電磁波攻撃の周波と逆の周波の電磁波を飛ばせば、激しさがかなり緩和される。だから、大きな台風が来ると騒がれても、ある程度、被害が抑えられており、日本が守られているのだ。そんなことが世界各地で何回も繰り返されている。

第2章
分断される
アメリカ経済

2020年9月29日、アメリカ・オハイオ州クリーブランドでの
大統領選第1回候補者討論会で激しい応酬を繰り広げるドナルド・トランプ（左）と
ジョー・バイデン。今回の大統領選は、世界のほとんどの人たちが
異常だと思っていた（提供：共同通信社）

「犯罪集団」同士の戦いだったアメリカ大統領選

深く洗脳されたごく一部の人たち以外の世界のほぼすべての人たちが、アメリカの現状および今回のアメリカ大統領選が「異常」だったことに気づいている。

2020年10月16日に報じられたAP通信の世論調査でも、アメリカの有権者のうち、「アメリカの民主主義が健全に機能している」と答えたのは、わずか15%しかいない。

さらに同時期、FBI（アメリカ連邦捜査局）とCISA（サイバーセキュリティー・インフラストラクチャセキュリティー庁）は「大統領選が組織的なサイバー攻撃の脅威にさらされ、選挙結果の公示が遅れる可能性がある」と警戒アラートを発出した。

結局、今回のアメリカ大統領選が「犯罪集団」対「犯罪集団」の戦いであることは明らかだ。両陣営が互いに相手の犯罪を暴露したのだから、間違いない。

たとえば、2020年10月14日、アメリカ民主党の大統領候補であるジョー・バイデンの息子、ハンター・バイデンが修理業者に出したと見られるパソコンから、「ウクライナと中国でのバイデン家の汚職を詳述したメール」や、「ドラッグの使用」「猥《わい》褻《せつ》映像」など犯罪の証拠が多数発見され、そのうちのいくつかがＦＢＩの捜査対象になっているとの内容の爆弾記事をニューヨーク・ポスト紙が報じた。

それに加えてトランプ陣営は二つの画像を公開した。その画像に写っている中国人の細菌学者ふたりの内部告発と、ハンター・バイデンのパソコンから得られた情報で、以下の二つのことがわかったという。

まず、「バイデンが中国勢と手を組んでアメリカの崩壊を狙っている」こと。それから、「アメリカの民主党勢が資金を出して、中国の武漢で新型コロナウイルスを製造した」ことだ。

なお、民主党勢が新型コロナウイルスを製造した目的のひとつは、やはりパンデミック対策を理由に大統領選で郵便投票を強行し、票を盗み出すことだったという。

これに対して、民主党陣営はトランプの「性的児童虐待」や「殺人」などに関する疑惑の証拠をネットの有力サイトにばらまいた。

さらには、明らかに民主党寄りのニューヨーク・タイムズ紙がトランプの「脱税疑惑」の証拠を大々的に報道。それと同時に、過激なトランプ批判の一環として「国連のアメリカ介入」を広く世間に呼びかけた。

また、大手ハイテク企業も「反トランプ」の動きを露骨に強めた。

たとえば、バイデンを批判する動画を投稿したところ、トランプ陣営の公式ツイッターアカウントが2020年10月15日にロックされた。のちに有効になったが、2021年1月9日に永久凍結となっている。

ほかにもトランプ支持者の多くのユーチューブ動画やフェイスブックなどが次々と閉鎖された。

なお、カナダ政府がアメリカとの国境を閉鎖した際は、「アメリカ侵略に備えてカナダに中国軍が配備されている」との情報が数多く出回った。これは明らかにデマ情報だったが、カナダがアメリカの混乱に対して戦々恐々としているのは間違いない。

カナダのトルドー首相はインチキ・パンデミックを理由に国境封鎖や戒厳令に近い対策を取りつつ、「アメリカ大統領選後の〝混乱〟にカナダは備えなければならない」

とマスコミを通じて発言した。

「臨時軍事政権発足」というシナリオ

その〝混乱〟の根底にあるのは相変わらず「アメリカの破綻」だ。

最新のデータを見ると、2020年度（2019年10月1日～2020年9月30日）のアメリカ政府の支出は収入より90％も多い。しかもGDP（国内総生産）が14兆ドルまで縮小したうえに200兆ドル以上の負債や支給予定の年金などを抱え、今後の支出も増える一方だ。そのほか、アメリカ政府の負債とは別に、アメリカ一般市民もひとりあたり平均9万460ドルの借金を個人で抱えている。

そうした状況にともない、いずれアメリカではトランプでもバイデンでもない新たな指導者が登場する公算が強まった。その場合、最も可能性が高いのは、〝政界の混乱を収める〟といった名目で「臨時軍事政権が発足する」というシナリオだ。

その可能性を示唆するかのように、海兵隊の退役大将であり、以前にトランプ政権で大統領首席補佐官および国土安全保障長官を務めていたジョン・フランシス・ケリー元高官がトランプ批判を猛展開していた。

ペンタゴン筋によると、アメリカ軍の元幹部の多くはトランプとバイデンの両方に対して非常に批判的だったという。

しかも、多くの情報源が「今回のアメリカ大統領選が世界全体の権力体制に大きな影響をおよぼした可能性が高い」と伝えた。

たとえば、FSB筋によると、「2020年11月にウラジーミル・プーチン大統領が置き換えられる」という噂《うわさ》がロシア当局内部で飛び交っていたようだ。

ただし、その〝置き換えられる〟というのが、「プーチンの新たな影武者が新しい脚本を読む」ということなのか、「プーチン以外の新たな指導者が登場する」ということなのかは定かでなく、同筋も、「それが現実になるまでは、この噂に対して半信半疑でいたほうがいい」と話した。

また、同じころ、中国の習近平《しゅうきんぺい》国家主席（の影武者）が四川《しせん》省で演説をした際に、「いきなり咳《せき》が止まらなくなる」というハプニングが起きた。

ＣＩＡ筋によると、なんらかの方法で習近平（の影武者）が電磁波攻撃を受けた可能性が高いという。

もし、２０２１年前半のあいだにアメリカ、中国、ロシアで政権交代があれば、世界権力の最高峰で「異変」が起きたことが証明される。現時点では出せない情報も多いが、「有力な勢力が新時代を誕生させるために活発に動いている」ということまではいえる。

すでに倒産している「株式会社アメリカ」

「株式会社アメリカ」は過去40年間、貿易赤字、財政赤字を積み重ねてきた。それが可能だったのは主に日本、中国、ＯＰＥＣ（石油輸出国機構）がアメリカにお金を貸していたからだ。

毎年9月30日と1月31日、株式会社アメリカの対外支払い期限が到来する。

ここで、その背景について述べておこう。

1871年に設立された株式会社アメリカとはワシントンD.C.という特区を本部とする株式会社だ。この会社は、れっきとした法人企業としてプエルトリコで法人登記されており、日本の国税庁に該当するIRS（内国債入庁）などの国家中枢機関を統括することでアメリカ政府をコントロールしている。1776年に独立宣言を経て誕生した「アメリカ共和国」とは法律も変わっており、新しい形式で現在にいたる。要は最初のアメリカ共和国は1871年でいったん終わっていたのだ。

この株式会社アメリカには主にヨーロッパ貴族を中心に世界の王族、貴族など世界最高レベルのエリート（ハザールマフィア）の株主たちがいる。このレベルになると、借用書といった紙切れは通用しない。必ず現金や現物が取引の中心になる。

株式会社アメリカは、ずっと対外支払いに苦労してきた。

ここで思い出してほしいが、トランプが2019年ごろに「グリーンランドを買う」と言ってみたり、「中国がアメリカの農産品を年間500億ドル買う」と言ってみたり、世界最大の石油埋蔵量を誇るベネズエラを乗っ取ろうとしたり、あの手この手で、なんとか支払いを守ろうという姿勢を見せていた。

これらの言動はサラ金で借りたお金を「この宝くじを買えば必ず当たるから、それで返済する。だから安心してほしい」と雲をつかむ話をしているようなものだ。

2019年9月30日のときは同年7月に日本のGPIF（年金積立金管理運用独立行政法人）のポートフォリオを非公開化させ、日本の年金資金運用でアメリカの株価を下支えさせた。要は日本の年金を盗み出すことで、アメリカはなんとか延命できたのだ。

しかし、2020年1月31日は対外支払いができなかった。結局、約2週間の猶予期間があったが、同年2月16日に期限が切れて正式に不渡りが出たのだ。それでアメリカ経済がおかしくなった。

過去をさかのぼると、2001年は9月30日が来る前に9・11事件を起こし、イラクに攻め込んで石油を盗むことで支払った。たとえるなら、ガソリンスタンド泥棒をしてサラ金に返済したようなものだ。

2020年は対外支払いのメドが立たなくなったから、新型コロナウイルスを利用した。実際には5Gによる攻撃だったのだが、それで中国・武漢がやられた。

ハザールマフィアは権力の座を失いたくないため、人間牧場キャンペーンを一所懸命に繰り広げたが、結局、アメリカでは失業率が増えて経済が崩壊してしまった。

結果として株式会社アメリカが事実上倒産したのだ。

じつはトランプには影武者がいる。影武者は目の周囲が白く、あごがたるんでいる。メラニア夫人とテレビなどに映るのは本物のほうだ。3回のうち2回は影武者が表に出ている。

新しいアメリカの主導権争いで、このふたりのトランプが矛盾した発言をしている。義理の息子ジャレッド・クシュナーを持つほうのトランプは、いまだに人間牧場を進めている。

アメリカ軍の良心派は本物のトランプかCGのトランプを使っているのかどちらかわからないが、軍事政権を樹立させようとした。

今後は良心派が軍事政権を誕生させるか、元アメリカ国防情報局長官のマイケル・フリンみたいな人が大統領になるか。要するに、アメリカ版プーチンみたいな人物が出てくる可能性がある。

いずれにせよ、バイデンが「株式会社アメリカの最後の大統領」になる。その後、アメリカはかつてのソ連のように、いくつかの国に分断される。カリフォルニア、テキサスが分かれ、東海岸の北側とカナダが合併する。もしくは北米同盟が結ばれるなどだ。

その背後では欧米新体制派が南北アメリカ大陸をひとつの地域にしようとしている。ハザールマフィアが勝てば、アメリカは分断される。いまはそこが接戦中なのだ。

ロスチャイルド家を起源とした「闇の勢力」

この構図はソ連崩壊でも同じだ。

筆者はソ連の崩壊工作に参加した人物を何人か取材したことがある。

当時、アメリカのロナルド・レーガン大統領が石油取引に依存していたソ連経済を破綻させるため、石油会社にものすごい量の石油を投げ売りさせて石油価格を暴落させた。と同時に、1983年にハイコストな「スターウォーズ計画」なるものをぶち上げた。これはアメリカ防衛構想で、ソ連のミサイルがアメリカに到達する前に迎撃する。そのために宇宙に防衛網を広げるというものだった。

ソ連はこの2セットへの対応に追われ、資金繰りが悪化して倒産。その後、「〜スタン」という国々に細かく分断した。そのなかでロシア共和国という新しい株式会社が立ち上がり、プーチンなどの新しい経営者が入ってきたのだ。

今回、アメリカでも同じようなことが起こっている。最終的にどうなるかわからないが、やがてバイデンに代わる新しい経営者が出てくるだろう。

また、新しいアメリカに共産主義革命を起こそうとしている連中もいる。「ファシストに反対する勢力」という意味の英語の頭文字を取った略称で、トランプがテロ組織に指定した「アンティファ」（ANTIFA）がそれだ。

また、アフリカ系アメリカ人に対する警察の残虐行為に抗議し、非暴力的な市民的不服従を唱えるアメリカの組織的運動「ブラック・ライヴズ・マター」も、じつはその一味だ。

それらの組織に中国からの資金がカナダ・バンクーバーの悪魔崇拝シナゴーグ（＝エセユダヤ団体）経由で入っていたというペンタゴン筋の分析もある。

話は過去にさかのぼるが、かつて日本に児玉誉士夫《こだまよしお》という右翼活動家がいた。彼は第2次世界大戦中、日本帝国のエージェントとして朝鮮系や中国系の悪質なマフィアたちをまとめあげて「馬賊」をつくった。それで街を攻撃し、女を犯し、金目のものを盗む。それを何も知らない日本正規軍が来て治安を取り戻す。そうして中国が日本の軍事政権を受け入れやすい状況をつくるという工作活動をしていた。

これと同じ手法を取っているのが武装勢力のアルカイダ、ISなどだ。

アンティファ、ブラック・ライヴズ・マター、アルカイダ、IS――みんな根本は同じで、スイスのロスチャイルド家からお金をもらっている。

ブラック・ライヴズ・マターはほとんど白人で、6人にひとりだけ黒人とされている。彼らはアメリカで内乱を起こし、軍事政権を正当化させるための工作をしている。たとえば、ジョージ・フロイドという黒人が殺されるイベントを起こしたり、自分の寝室で寝ていた黒人女性を殺した白人警官を無罪にしたり、ケンカを仲裁していた黒人を白人警官が後ろから射殺したり。これはすべて黒人に暴動を起こさせる工作なのだ。

ほかにも、南アフリカの秘密警察から聞いた話だが、白人が黒人を支配するために黒人をコントロールできる電磁波の実験をしていたという。

大衆にある電磁波を飛ばすと暴動を引き起こせる。またある電磁波を飛ばすとおとなしくさせられる。そんな実験データが見つかったそうだ。

アメリカではニューヨークやシカゴなど、どこに行っても犯罪率、殺人率が数倍に跳ね上がった。筆者の読みでは一部の白人が電磁波を使って黒人が怒るイベントを演出し、内乱を起こそうとしていたのだろう。

ほかにも、山火事を起こそうとした連中がたくさん逮捕されている。とにかく内乱で不安定な状況を起こし、軍事政権を誕生させる工作が随所に見られるのだ。新しいアメリカの主導権をめぐる争いが水面下で進行中というわけだ。

2020年はアメリカで600近くの地震群が観測された。それには地下基地がかかわっていた。

冷戦のとき、アメリカで核戦争に備えてたくさんの地下基地がつくられた。当時は核戦争で人類を9割殺し、支配階級が地下に潜る計画だったからだ。

そんな地下基地でハザールマフィアと欧米新体制派の2大勢力が戦闘を繰り広げた。アンティファによる暴動計画を遂行したアメリカ・カリフォルニアの都市パームスプリングスにある司令部も攻撃された。そこで観測されたのが600近くの地震だ。アメリカは中国との戦争に備えて地下基地に武器をいっぱい集めていた。そこが攻撃されたのだ。中国と戦争を起こせないように。第1章で触れた日本の熊本地震も同じで、そういうことが世界各地で起こっている。

地下でも「見えない戦争」が進行しているのだ。

準備が整いつつある「金融システム再起動」

アメリカ政府の不渡りから始まったハザールマフィアによる人工世紀末劇が順調に進んでいる。

多くの人々は、いまの状況に驚愕《きょうがく》するばかりで、「世界各地で本当は何が起きているのか」をまだ理解できていないようだ。

欧米新体制派は、この人工世紀末劇によるインチキ・パンデミックを逆手に取ろうとしている。その最終目的は人々の目を覚まさせること。そのために、パンデミック騒動のあとには「火山の噴火」や「未確認飛行物体の出現」など第2弾、第3弾の計画が進められている模様だ。

また、同時に「金融システム再起動の準備が整いつつある」との情報も、かなりハイレベルな筋から寄せられている。

同筋によると、世界の旧体制が崩壊する過程で、しばらく一般人が不安な状況にさらされるが、金融システムが再起動された暁には最終的にみんなの生活水準が飛躍的に改善することになるという。それはどういうことか。

まず、ハザールマフィアが必死で工作を続ける理由は先に述べたワシントンD.C.(株式会社アメリカ)倒産の影響が日に日に拡大しているからだ。

2020年に入ってからアメリカのGDPは4割も下落した。ということは購買力平価(PPP)をベースに算定したアメリカのGDPは中国の半分以下ということになる。

これは40年間も先送りにしてきた貿易赤字と財政赤字のツケが回った結果だ。

結局、近年のアメリカの経済成長は膨大な借金に支えられた砂上の楼閣にすぎなかった。そのため上限が来て、これ以上借金ができなくなったとたんに経済が一気に下落し始めた。

さらに、ワシントンD.C.に巣くうハザールマフィアは、このアメリカの実体経済の大暴落を隠すために、必死で株価のかさ上げをしようとした。

しかし、その結果として、アメリカの株式市場は「実体経済を導く」という本来の機能を完全に失ってしまった。そして、何より、この「アメリカ経済崩壊」の影響は世界権力構造をも大きく変えようとしている。

新型コロナウイルス騒動の陰に隠れたいくつかのニュースが、それをよく物語っている。

とくに「石油本位制ドル」の基盤であったサウジアラビアは原油価格の大暴落によって前代未聞の危機的状況に直面した。しかも、アメリカ国内の経済危機にともなって基本スタンスを転換したアメリカ軍はサウジアラビアやイスラエルの防衛から手を引くことをすでに決めた。

さらに、これまで同盟国だったサウジアラビアとUAE（アラブ首長国連邦）が分裂し、イエメン国内で大規模な戦闘が発生。それにより、サウジアラビア側の傭兵《ようへい》が大敗北を食らった。

今後、サウジアラビアが国家として存在しなくなる可能性は高いだろう。

また、ロシア疑惑をめぐって2017年に刑事訴追されたマイケル・フリンに対し、「アメリカ司法省が起訴を取り下げた」というニュースにも大きな意味がある。

これにより、アメリカ軍が国有化されたFRBを指揮下に置くことが決まったとNSA（アメリカ国家安全保障局）筋は伝えた。

日本も外国資本の日本《にっぽん》銀行を国有化すれば、いまの経済危機を脱し、不死鳥のようによみがえることができる。さらに、国有化されたFRBや各国の中央銀行とも連携すれば、世界最大の債権国である日本を中心に世界経済をも救うことができるはずだ。

中央銀行を国有化すれば、もろもろの税金や国民健康保険料を支払う必要すらなくなる。政府のお金だけですべて賄えるようになるからだ。だから、1年も経たずに、国民の生活水準は一気に倍増する。

米露が実行したアンティファ上層部の暗殺

アメリカでは内戦状況が激しさを増し、誰も否定できないかたちで既存体制の崩壊が進んでいる。

ここからはアメリカ国内で発生した混乱の最新情報からくわしく見ていきたい。

まず、NSA筋からは「2020年6月5日にトランプ大統領の暗殺を狙っていたスナイパーふたりの身柄が拘束された」との情報が寄せられていた。

しかも、その日のうちに、三つの「核装置」がワシントンD.C.内で見つかったという。

ちなみに、その日はワシントンD.C.の中心にそびえ立つワシントン記念塔に稲妻が直撃。その異様な光景はベネディクト16世（前ローマ教皇）が辞任を発表した直後、サン・ピエトロ大聖堂に稲妻が走った衝撃のシーンを彷彿《ほうふつ》させる。

また、暴徒化するデモ隊の大部分が黒人であることも偶然ではないという。「白人警官が黒人男性の首を押さえつけて窒息死させた」というアメリカ・ミネソタ州ミネアポリスでの「事件」は、はなから黒人を刺激するために演出されたと複数の筋が断言した。

そして、その茶番劇のあとにはMKウルトラ（CIAによる洗脳実験）の人体実験で特定された「人を激高させる周波数帯」がアメリカのテレビ、とくに黒人に人気のあるテレビ番組を通じて発信され続けていたとNSA筋は伝えていた。

さらには、ハザールマフィアが放った白人系組織アンティファが各地で過激な暴動を起こしたこと、そこにはカナダのバンクーバーのシナゴーグ経由で流れ込んだ中国系マネーが貢献したことも、すでに知れ渡っている。

その一方で、ハザールマフィアが放った過激派組織に対する反撃も加速した。アメリカ海軍の諜報《ちょうほう》筋によると、ロシアのエリート暗殺部隊がアメリカ国内に入り、アメリカ軍特殊部隊とともにアンティファ上層部の暗殺を粛々と遂行したという。

また、アメリカでは、報じられただけでもすでに逮捕者が1万人超にのぼり、ワシントンD.C.でもバラク・オバマ政権時代の政府幹部数十名に召喚状が出ていた。これはハザールマフィア司令部の逮捕劇を狙った捜査の一環だとペンタゴン筋は伝えていた。

しかし、経済崩壊が進行していた段階では軍事的な弾圧や大物の逮捕劇くらいでは状況の鎮静化は望めなかった。

2020年に入ってからアメリカのGDPは5割も減少し、その影響で8000万人（労働人口の約半数）が失業したと報じられた。その後、持ち直したともいわれているが、失業率より多い人が失業保険をもらったことになっているなど、統計に矛盾がたくさんあって、怪しい。

アメリカ政府は相変わらず実体経済の大暴落を隠そうとした。2020年6月5日にアメリカ労働省が発表した同年5月の雇用統計によると、「非農業部門の就業者数が前月比250万人増加した」ことになっていた。しかし、市場は前々から「約800万人の新たな失業者が出る」との予測を広く発信していたため、その統計の数字はまったく信用されていない。

そのうえ、同年4月にはアメリカ国内の工場の生産高がアメリカ史上最大の暴落を喫していた。

アメリカでは全米各地の中小企業が次々と倒産。一方、大手企業はＦＲＢの資金でますます富を集めた。これでは格差がどんどん拡大し、社会不安もエスカレートするばかりだ。

いずれにせよ、水面下では東西の結社が「既存体制」に代わる世界の新体制構築の準備を着々と進めている。

中国の文化大革命に酷似したアメリカの分断

２０２０年6月11日、中国のプロパガンダ紙『Global Times』（環球時報）がアメリカの情勢不安について、「１９６０年代から１９７０年代に中国で発生した文化大革命に似ている」と評する記事を発信した。

たしかに、いまのアメリカの状況は中国の文化大革命のときと類似する点が多い。

まずは「文化大革命」についてのウィキペディアの引用をごらんいただきたい。

実際は、大躍進政策の失敗によって国家主席の地位を劉少奇《りゅうしょうき》党副主席に譲った毛沢東《もうたくとう》共産党主席が自身の復権を画策し、紅衛兵《こうえいへい》と呼ばれた学生運動や大衆を扇動して政敵を攻撃させ、失脚に追い込むための官製暴動であり、中国共産党内部での権力闘争だった。（2021年1月25日閲覧）

いまのアメリカの状況も、まさに支配階級内部の権力闘争によるものである。アメリカの場合、黒人差別反対運動のブラック・ライヴズ・マターや左翼団体とされるアンティファが全米各地で「反体制デモ」を繰り広げた。そして中国の文化大革命と同様、歴史のネガティブな部分（アメリカでは奴隷制度など）を象徴する銅像を引き倒したり、映像を封印したりして、既存権力の穏健派への攻撃を続けている。

そうした行動で、彼らは「抑圧された階級」の代表を自称したが、それら団体の資金源を調べると、やはりハザールマフィアなど旧権力との関係が色濃く見えてくる。

そのひとつが「ActBlue」というアメリカ民主党のオンライン献金を推進する政治団体の存在だ。ブラック・ライヴズ・マターに寄付すると、「ActBlue」に資金が移動するカラクリだ。

また、アメリカの過激派は同じく「反体制」を名乗るＩＳやアルカイダと同じ穴のムジナであることがＦＢＩの調査でわかっている。

結局、ハザールマフィアを筆頭とする欧米の旧体制派はインチキ・パンデミック騒動がうまくいかず、人種暴動を引き起こして大衆の分断を図ろうと画策したが、それも不発に終わった。

そのため、彼らはインチキ・パンデミックの第２波に加え、「電磁パルス」（ＥＭＰ）による通信網への攻撃を計画していたとＮＳＡ筋は伝えた。

「カオスから秩序へ」という帝王学

ハザールマフィアのやり方は「Ordo ab Chao」、つまり「カオスから秩序へ」という従来どおりの彼らの帝王学そのものだ。

ハザールマフィアらは失脚を回避するために、革命の機運をなんとか自分たちに有利な方向へと誘導しようとした。要するに、彼らが言う「きれいごと」とは正反対の現象が起きたのだ。ハザールマフィアらが言う「世界の再起動」の意味はパンデミック騒動を利用して完全なる独裁支配を始めることだ。

アメリカ国内の不穏な動きを受けてＦＯＸの人気アナウンサー、タッカー・カールソンも２０２０年6月10日の生放送で次のような発言をした。

They used a public health emergency to subvert democracy and install themselves as monarchs.（中略）We believed them, therefore, we obeyed them.（中略）It's that none of us will ever make that mistake again.

彼らは公衆衛生上の緊急事態を利用して民主主義を覆し、自分たちを君主（最高位の支配者）の立場にしてしまった。（中略）私たちは彼らを信じて、それに従ってしまった。（中略）二度と同じ間違いを犯してはならない。

また、世界で最も評価の高い世界5大医学雑誌とされる『ランセット』や『ニューイングランド・ジャーナル・オブ・メディシン』の編集者らは、「大手製薬会社の資金力が膨大になるにつれて、自分たちの利益のために都合のいい屁理屈《へりくつ》を医学雑誌に押しつけるようになった」との告発を始めた。

アメリカ社会に入り込む悪質な左翼団体

そうした告発の動きはアメリカが革命的な状況にあることを意味している。

しかし、その背景にある「アメリカの国家破産」に対する対策がいまだ判然としないため、混乱はますます深まり、革命の行方も不透明といわざるをえない。

たとえば、アメリカ西海岸のシアトルでは役所が占拠され、実質的に独立区が誕生した。その地区内部の情報筋によると、この独立区をつくったのは、「反グローバリスト」を掲げてずっと活動してきた勢力だ。

彼らはアメリカ政府が説明責任を果たし、透明性を保持するよう要請したのだが、それと同時に、「警察不在の社会がどうなるか」をその独立区のなかで試したのだという。

しかし、同筋は「この独立区にアンティファなどの悪質な左翼団体が入り込んでいるため、この試みは大惨事に終わるだろう」と話した。

実際、トランプも軍を投入して弾圧に乗り出そうとした。しかし、ワシントン州知事やシアトル市長、アメリカ軍がそれを拒否した。

さらに、トランプはアメリカ国内だけでなく国際社会でも孤立した。

2020年6月11日、トランプはICC（国際刑事裁判所）が「アフガン戦争におけるアメリカの戦争犯罪」の捜査を承認したことをめぐって捜査や訴追に関与したICCの職員らに対してアメリカ国内の資産凍結や入国禁止の制裁を科す大統領令に署名した。

それにともない、本来は同盟国であるはずのEUやイギリスが、国際裁判所を攻撃するトランプとあからさまに距離を取り始め、国連も露骨にトランプ政権を非難していた。

ただし、ハザールマフィアの多くが反トランプに転じたとはいえ、何も親中になったわけではない。水面下では欧米や中国内部の強硬派が望んでいる全面戦争を回避するために、東西結社の穏健派が日々交渉を続けている。

「1億2000万人がコロナ死」はジョー・バイデンの本音

大手マスコミは、「いまの経済危機はパンデミックのせいである」というプロパガンダを懸命にまき散らした。

2020年6月26日、大統領候補に担ぎ上げられたバイデンが「120 million Americans died of COVID（1億2000万人のアメリカ人がコロナで死んだ）」と失言してSNS上で騒がれたのだが、おそらくこれがハザールマフィアらの本音だろう。

人がたくさん死なないと、いまの経済危機が本格的な革命へと発展していくだろうことをわかっているからだ。

彼らは大衆の目を自分たちからそらすため、全米で人種暴動を煽る工作にも励んでいたが、それも不発に終わった。

では、今後、アメリカはどうなっていくのか。

現在、実質的に国有化されたFRBは一般市民に直接お金を配った。日本は10万円の1回きりの給付だったが、アメリカの場合はひとりあたり毎月1200ドルが給付された。

問題は、「無差別に個人にお金をばらまいても、産業やインフラの立て直し計画がなければ、アメリカ経済は復活しない」ということ。アメリカ政府はインフラ整備と農家支援のために、ある程度の予算は準備したようだが、それと同時に国全体の未来経済を企画する専門の機関も立ち上げないと、アメリカ経済の復活は望めないだろう。

世界レベルにおいては、すでに未来経済を企画する新国際機関の設置の準備が水面下で進んでいる。そうした機関が設立されれば、アメリカなど各国の新たな経済運営と世界の方向性を図ることができる。

その環境が整えば、具体的な策を実現させていくために兆ドル単位の資金が世界に放出されると、アジアの王族筋は伝えている。

そのタイミングは、いま進められている国際間の根回しが終わり次第。しばらくは世界（とくにアメリカ）の情勢が悪化の一途をたどるだろうが、その根回しが終われば、みなさんが驚くようなうれしい発表があるはずだ。

世界新秩序の第一歩となる「北アメリカ合衆国」構想

いまのアメリカは誰の目から見ても「フェイルドステート」（失敗国家もしくは崩壊国家）になり下がった。情報源らのあいだでも「America is finished（アメリカは終わった）」というフレーズが頻繁に飛び交っていた。

2020年2月にアメリカ政府はアメリカ国債の利払いと貿易上の未払いで2度目の不渡りを出し、事実上の国家破綻に陥った。その後、アメリカのGDPが急激に5割減少し、失業率も激増した。アメリカが抱える国内外の借金はGDPの10倍を超え、200兆ドル以上にのぼった。それをどうすることもできないアメリカ政界は、なし崩し的に混乱をエスカレートさせた。

アメリカのGDPの急激な縮小と、それにともなう内乱や政治の膠着などの混乱は、しばらくのあいだ続く公算が大きい。数学的に考えて、アメリカの既存体制の維持は不可能だ。しばらくはその崩壊の過程を静観するしかない。

水面下ではアメリカを民主主義の法治国家「United States of North America」（北アメリカ合衆国）としてカナダと合体させて再起動する案などが検討されている。P3フリーメーソン筋によると、この構想は新たな世界体制構築の第一歩で、2021年中には大きなプッシュが見られる予定だという。

それにともない、ハザールマフィアによる「パンデミック第2波、第3波」など人類の恐怖心を煽る工作の発動も予測されている。

いずれにせよ、アメリカはどう見ても、すでに破綻した。遅かれ早かれ、崩壊するのは時間の問題だ。

アメリカでは缶詰や小麦粉、コメなどの不足が見られていた。NSA筋によると、そうした食料不足がさらに深刻化し、かなりの混乱が予想されるという。アメリカ崩壊の過程がカオスをきわめるか、円満に進められるかどうかは、既存の世界指導者らのこれからの行動で決まる。

国内の混乱から目をそらすための「仮想敵国・中国」

カオスをきわめる失敗国家のアメリカは、「外敵との対立」を強調して国内の混乱からアメリカ国民の目をそらそうとした。その主な標的となっているのは相変わらず中国だ。

２０２０年7月22日にトランプはテキサス州ヒューストンにある中国領事館の閉鎖を命じた。それを受け、中国政府も四川省成都《せいと》にあるアメリカ総領事館の閉鎖を同24日に発表した。

さらに、アメリカは辛亥《しんがい》革命（１９１１年）以前に発行された古い中国国債の換金に乗り出そうとした。これもアメリカが過去にばらまいた天文学的数字のアメリカ国債を換金しようとする中国勢に対抗した動きだ。

ほかにもアメリカは日本やインド、ロシア、EUなどを勧誘して「反中同盟」の構築を画策。台湾や中東など各地で中国利権（パイプラインなど）への攻撃を強めた。

しかし、トランプがいくら中国に圧力をかけたところで「アメリカが倒産した」という現実は変わらないし、延命資金も得られないまま。しかも、アメリカこそが世界各国から制裁を受けている状況だ。

たとえば、パンデミック対策を理由に、ほとんどの国がアメリカからの渡航を禁止した。要するに、いくらアメリカが反中同盟を呼びかけようが、国際社会でいちばん孤立したのは明らかにアメリカなのである。

水面下ではP3フリーメーソンが、米中が折り合うよう妥協案の模索を続けている。彼らはEUとロシアを説得して動かす自信があるため、米中対立やインチキ・パンデミック騒動も最終的にはすべて世界の新体制構築に向けて解決されていくはずだと話した。

彼らが言う「世界の新体制」とは各国がゆるやかに連帯する多極化した世界のこと。P3いわく、世界大戦を回避するにはそれしか方法はない。

その実現に向けてＰ３が中華権力の上層部数名を拘束したとの情報も寄せられた。彼らはアジアが築き、歴史的に受け継がれてきた財を世界新体制の資金源にするつもりだ。

Ｐ３がそこまで必死になる大きな理由のひとつは、アメリカ国内の混乱が、無秩序な革命やアメリカ政府の暴走で核戦争にエスカレートする可能性を危惧したからだという。

産業空洞化の解消が簡単ではない理由

２０２０年７月ごろ、アメリカでは相変わらず暴動や激しいデモ抗議が続いていた。もちろん、そうしたトラブルの大本はアメリカ経済の悪化だ。

同年３月１日以降に閉鎖したアメリカ国内の廃業した店や法人の数を表したグラフを見てみると、ハザールマフィアなどの富裕層が多く住むロサンゼルスやニューヨークが断トツでひどい状況にあるのは偶然ではない。

また、トランプ陣営が傘下に収めたFRBのお金は相変わらず株価のかさ上げのために使われていた。ほかにも、トランプは富裕層の大都会から郊外への移転をFRBが放出する資金（超低金利の住宅ローンや企業へのばらまき）で支援した。一方で、富裕層が住宅を購入して郊外に逃げ出したさなか、貧困層を中心に32％の世帯が7月分の家賃やローンを支払えていなかった。

結局、トランプ政権がFRBを通じて放出したお金は貿易や対外支払いには使えなかったが、国内の株価のかさ上げや富裕層の救済はできていた。

ただ、国内産業の復活を狙って一所懸命なのはわかるが、いくらテスラやアップル、フェイスブックなどのアメリカのハイテク企業にお金をばらまいても、40年以上続いたアメリカの産業空洞化はそう簡単に解消できるものではない。

そのため、「所得格差のさらなる拡大」および「モノ不足」の影響でアメリカの社会不安がエスカレートしていった。

もちろん、アメリカ政府は個人や企業にお金をばらまき続けるだろうが、そのお金の裏づけとなるはずの実体経済がまったくともなっていない。世界各国のアメリカ離れもどんどん加速している。

しかし、世界の多くの国々は、「アメリカの一極支配」をそのまま「中国の一極支配」に置き換えるつもりもない。そうであるなら、やはり世界はアメリカ一強でも中国一強でもない「第3の道」を見つけなければならない。それが2021年からの大きな課題となる。

全面戦争と同様の破滅を招く気象兵器や電磁波兵器

2020年8月ごろ、テレビ朝日などで、中国の水力発電施設・三峡ダムが決壊の危機に瀕《ひん》しているというニュースが報じられた。

これはワシントンD.C.を支配するアメリカ旧権力層の気象兵器乱用によるものだとペンタゴン筋は伝えた。その目的は中国に圧力をかけてお金をむしり取ることだったという。

仮に中国勢が同様の兵器で反撃に出るなら、アメリカの最大の弱点はイエローストトーン国立公園の地底に眠る超巨大火山スーパーボルケーノだ。それを電磁波兵器などで刺激すれば、アメリカの中部から西部にかけての地域が空洞になるほどの巨大な破局噴火を引き起こすことができる。

いずれにせよ、気象兵器乱用の背景にあるのは、やはりインチキ・パンデミック騒動の失速だ。

医療現場の大げさなパンデミック対策への反発が世界各国で広がった。それを受けて、新型コロナウイルス関連の報道が厳しく規制され始めた。

たとえば、2020年7月末にも、100万回以上再生された現場の医師たちによる新型コロナウイルスについての情報公開および記者会見の映像が検閲され、削除された。

ほかにも、新型コロナウイルスと5Gの関連性などについての情報はくまなく検閲されている。「5gexposed.com」には科学的調査にもとづいて「新型コロナウイルスの感染拡大」と「5G展開」の相関関係を研究したリポートが掲載されている。そのリポート内のマップを見れば完全に一致したことが確認できる。

ハザールマフィアらは権力を維持するためにアメリカ国民に対して5G攻撃を展開しながら、インチキ・パンデミック騒動を利用して戒厳令に近い統制を続けたのだ。

また、新型コロナウイルス関連の情報を検閲した大手ハイテク企業は同時に「ワクチン推進プロパガンダ」も垂れ流した。

アメリカ経済の空中分解が支配階級への反発を増幅させている。そのため、ハザールマフィアらはワクチンを投与して大衆をおとなしくさせ、それとともに徐々に人口を削減していくつもりだ。

「仮想通貨」のようなものにすぎない「アメリカ・ドル札」

しかも、アメリカにとって本当の痛みはこれからだ。

アメリカは産業空洞化したうえに借金（アメリカ国債など）で海外から商品を輸入することができなくなっていたため、2020年秋以降にアメリカ国内で深刻なもの不足が発生するとNSA筋は伝えていた。

アメリカの雇われ社長であったトランプは、この危機に対応するため、ＦＲＢの実権を奪取し、再び国内の企業や人々に直接お金をばらまいた。

もちろん、表向きの理由は「パンデミック対策」。しかし、本当の理由は各国のアメリカに対する不信感はもとより、アメリカ政府がばらまいた「実体経済と関係なく無作為につくりだされた裏づけのないアメリカ・ドル札」だ。他国からすれば、もはや偽札に等しい。

ＥＵは新型コロナウイルス感染対策の渡航制限を緩和していくなかで、アメリカからの入国を引き続き禁止した。それに反発したトランプはドイツからアメリカ軍を撤退。しかし、他方で、ドイツやフランスはロシアとの新たな安全保障政策の枠組みをつくろうと積極的に動いている。

現実問題として、経済の大暴落によってアメリカが軍縮に乗り出すのは時間の問題だ。実際、すでに世界各地からアメリカ兵が撤退を始めた。ただし、一部のアメリカ軍上層部は各地からのアメリカ兵の撤退や軍縮を止めるために全面戦争を推奨した。それを回避するためにも、２０２１年以降は世界金融システムの再起動が急務だ。

第3章 分断されるヨーロッパ経済

2020年1月31日、イギリスのEU離脱を歓迎してロンドンの国会議事堂近くの
広場に集まり、英国旗をまとう人たち。それは、イギリスにとって、
ある国の支配からの解放を意味した（提供：共同通信社）

子どもの行方不明事件が暗示するもの

欧州では支配階級だったハザールマフィアのメンバーが次々に暗殺され、対抗勢力による取り締まりが強行されている。

その背景を探るには、子どもを性奴隷にしていたとして摘発されたベルギーのマルク・デュトルーという人物が２００４年に終身刑が言い渡された裁判までさかのぼる必要がある。

この裁判では数十人から証言が出てきた。その内容はこうだ。

まず、大きな城に住む超エリートたちがデュトルーに「これくらいの年齢で、こんな感じの子どもが欲しい」と注文する。その後、デュトルーの手配でどこかから子どもが拉致される。そして裸にされ、城の庭に放たれ、超エリートたちが子ども狩りをするというものだ。

超エリートがそんな残虐行為をしていたという証言が複数出てきた。超エリートのなかにはNATOのトップ層、ベルギーやオランダの王族たちもいた。

ベルギーは人口が少ないのに王族たちに対する数十万人規模の抗議デモが起こったほどだが、結局、首謀者には逃げられた。末端の調達担当だけが逮捕されたわけだ。

しかし、そのときに逃げ切った首謀者もみんな最近になって次々に暗殺されているという情報が入っている。オランダ王族もベルギー王族も殺害された。

これは信じがたい話だが、世界各地、とくに欧米では子どもの行方不明事案が深刻な社会問題となっている。

その背景には若返りの成分「アドレノクロム」がからんでいる。アドレノクロムとは過度の恐怖やストレスを肉体的、精神的に与えることで血中に放出される成分で、拷問した子どもたちの血液から採取されるものだ。

そのために、子どもが誘拐され、エリートやセレブにアドレノクロムが分配されていた。

しかし、世界の体制が大きく変わるなか、悪魔を崇拝するハザールマフィア、その周囲にいるセレブなどに対する取り締まりはいっそう激しくなる。

すでにネット上には「著名人の逮捕、死刑者リスト」なども出回っている。レディ・ガガ、マドンナ、スティーブン・スピルバーグ、クエンティン・タランティーノなども含まれており、アドレノクロム採取にからんでいた超大物芸能人たちが、ものすごい勢いで消えているという。

こうした情報は正式な発表が出るまで鵜呑《うの》みにしないほうがいいが、情報源の話では、すでに多くの大物政治家やセレブなどが逮捕、もしくは処刑されているのは間違いないようだ。

たとえば、最近、ブッシュ一族の姿をまったく見かけない。MI6筋やペンタゴン筋は、「ブッシュ一族のほとんどのメンバーは処刑され、もうこの世にいない」と伝えている。2018年に亡くなったアメリカの政治家ジョン・マケインも、じつは死刑に処されたといわれている。

子どもをいけにえにする残虐行為の起源は紀元前9世紀ごろにできたカルタゴ文明までさかのぼる。当時のカルタゴ文明と接触があったギリシャやローマの歴史学者たちが、モレクやバアルなどの神に対して子どもをいけにえとして燃やしていたという記録を残している。

また、カルタゴ周辺の発掘現場では子どもがたくさん燃やされた証拠が出てきた。それを現代でも行っているのがハザールマフィアたちだ。

アジアと欧米の結社が戦い始めた理由のひとつはここにある。

第1章でも触れたが、ボヘミアンクラブでモレクにいけにえをささげている場面を中国のアジア結社のメンバーが盗聴し、人口削減計画が明らかになったからだ。実際に大量の子どもをいけにえにするだけでなく、拷問にかけてアドレナクロムをつくりだしていたのも、そこからようやくわかった。

ジョージ・ソロスはすでに殺されている？

筆者のもとにはハンガリー系ユダヤ人の投資家ジョージ・ソロスも殺されたという情報が入っている。しかも、1カ所からだけの情報ではない。実際にペンタゴンの人間に殺されたという。

たしかに、ソロスは最近、表に出てきていない。同じタイミングで子どもたちが遺産相続を発表した。普通に考えれば、ソロスが亡くなっていなければ、相続の話は浮上しない。しかし、そのあとも、マスコミは「ソロスがこういう発言をした」との情報を発信していた。

たとえば、2020年1月のスイス・ダボスでの世界経済フォーラムでソロスが講演した。

このフォーラムは通常、マスコミにはオープンにされている。ソロスが以前話したときは数十社がカメラを回し、その動画を編集してアップしていた。

ところが、今回はすべての世界の新聞やテレビに「ソロスがこう話した」と発信されたものの、ネタの大本がサンフランシスコ発のブルームバーグの動画だったのだ。スイスのフォーラムなのにサンフランシスコ発なのがどう考えてもおかしい。

NHKだろうが、テレビ朝日だろうが、NBCだろうが、ABCだろうが、すべてブルームバーグの動画を使っていた。まるでソロスが生きているかのように、彼の存在を利用してイメージづくりをしていたのだ。

じつはこの話の情報源はデュトルーの裁判で逃げた超エリートが暗殺されていることを教えてくれた筋と同じだ。すべてを明らかにはできないが、イギリス王室なども からんでいる。

ハイブリッド戦争で抹殺されている、子どもを虐待していた隠れエリートたちは中央銀行を私物化していたような連中だ。

彼らがいなくなれば、中央銀行が国民による管理に移行する。それほど現在進行形で世界革命的なことが起こっていると認識しておこう。

「多極化した世界」の「ゆるやかな連帯」

そんななか、EU内で大きな変化が起きている。それはブレグジット（イギリスのEU離脱）だ。

ブレグジットにまつわる疑惑として、イギリスがドイツの工作員に乗っ取られていたというものがあった。イギリスの官僚トップがドイツのスパイだったのだ。ほかにも5人の重要人物がドイツとのダブルエージェントだった。

彼らがみんな追放され、ようやくブレグジットが可能になったという背景があるのが、後日わかった。要はドイツにこっそり乗っ取られていたイギリスが解放されたというわけだ。

じつはフランスも、いつの間にかドイツの植民地と化していた。

ドイツはかつて第3のドイツ帝国をつくろうとしていた。2001年のアメリカでの9・11テロ事件がその象徴で、ナチス派の巻き返しと見られる。その総統がベイビー・ブッシュだった。

その後、2005年にローマ教皇となったベネディクト16世はドイツ人で、ドイツ帝国復活の計画が如実に見られたが、頓挫した。

ドイツ帝国の歴史をひもとくと、第1は神聖ローマ帝国、第2はビスマルクのドイツ統一によって成立した。そして、ナチス独裁国家をつくったヒトラーは第3帝国と称していた。

この第3のドイツ帝国は失敗し、第4のドイツ帝国を復活させる舞台として使われたのがEUだった。EUはドイツによる欧州乗っ取りを目的につくられたものだ。

ほかにも、かつてハプスブルク帝国のひとつだったオーストリア＝ハンガリー帝国の復活の動きも見られる。近年、この旧帝国の構成国が共同国境をつくって移民を入れないようにしたり、中東からの人の流入を止めたりしていたことがその表れだ。

このように、第1次世界大戦でなくなったトルコのオスマン帝国、オーストリア＝ハンガリー帝国、ドイツ帝国が再び復活してEUがなくなるのは時間の問題だ。

いまや欧州や日本などの各国は中国一強でもアメリカ一強でもない、世界がたどるべき第3の道を模索している。最近になって、その動きがとくに活発だ。

たとえば、EUではドイツもフランスも国家安全保障はアメリカではなくロシアと組もうという話が出ている。

要するに、欧州は「アメリカとのNATO同盟」から「EU、ロシアの同盟」へと安全保障政策の軸足を移し始めているのだ。戦後、アメリカから半植民地にされてきた日本も微妙にアメリカとの距離を置き始めてきた。

また、イギリスおよびイギリス連邦も、EU離脱後のスタンスとして、アメリカと中国の中間的な新たな立ち位置を模索している。

世界の多くの国々は、それがアメリカであろうが中国であろうが、一極支配の世界構造をまったくもって望んでいない。多極化した世界で各国がゆるやかに連帯する新しい国際システムを誕生させ、人類共通の問題を解決したいと考えている。

「NATO離れ」が加速するヨーロッパ

ここからは最近の欧州の動向を、よりくわしく見ていこう。

2020年7月1日、ドイツのアンゲラ・メルケル首相が欧州の六つの新聞社のインタビューに答え、今後のEUの新方針を発表した。

これはドイツが6カ月のEU議長国を開始するにあたって表明されたものなのだが、インタビュー全体の肝心なポイントは次の発言から十分に読み取れる。

In a crisis of this magnitude,（中略）What needs to be done in this case is something extraordinary.

いま起きている重大な危機的状況では、（中略）並外れた対応を実行しなければならない。

メルケルはそう話して、金融経済の方針を「政府資金の放出」中心に変えていく決意を表明。そのうえで、中国との首脳会談をベルリンの壁崩壊の発端となった住民運動の発祥地、ドイツのライプツィヒという都市で開催することを決めた。

この発言からも、従来のシステム以外の新たな仕組みを模索する意思がうかがえる。今後、EUは中国と経済や環境対策の分野で協力をしながら、社会政治システムの分野ではライバル関係になることを念頭に動くつもりのようだ。

そうした中国への独自のアプローチをEUが開拓する理由のひとつとして、メルケルは「アメリカの変化」を挙げている。それについての彼女の発言は以下のとおりだ。

We grew up in the certain knowledge that the United States wanted to be a world power. Should the US now wish to withdraw from that role of its own free will, we would have to reflect on that very deeply.

われわれはアメリカが絶対的なスーパーパワー（超大国）になろうとしているという確信のもとで育った。アメリカがその役割をみずからの意思で放棄するのであれば、それについて深く考える必要がある。

その後、メルケル政権のハイコ・マース外務大臣も、「アメリカで民主党の大統領が就任すれば大西洋同盟がもとに戻るという人は、構造変化を軽視している」と公の場で明言した。

さらに、欧州がアメリカとのNATO同盟から離れる動きを活発化させている。

まず、フランスのエマニュエル・マクロン大統領が2020年6月26日、ロシアのプーチン大統領とテレビ会談し、「軍備管理体制の維持などについて、2プラス2（仏ロ外務・防衛担当閣僚協議）の枠組みで取り組みを強化することで一致した」と発表した。

それにもとづいて事務方レベルで具体的な調整が進められた。しかも、フランスは

NATO軍の対リビア軍事作戦から離脱した。

その発端は6月10日、同じNATO同盟であるにもかかわらず、トルコがフランスの艦艇に向けてミサイル攻撃を意味するレーダー照射を3回も行ったことだった。

リビア国内では「トルコが支援する派閥」と「フランスが支援する派閥」が敵対している状況だ。しかも、トルコ軍がリビア国内のフランスとロシアの石油利権を脅かし始めた。それについて、NATOはなんの行動も取っていない。

要するに、NATO加盟国同士の代理戦争がリビアで行われたにもかかわらず、NATO同盟の主軸であるはずのアメリカが、なんのアクションも起こさなかったのだ。

それでフランスはロシアおよびロシアの同盟国エジプトと組み、トルコとの戦闘準備を開始した。さらに、NSA筋によると、核ミサイルを搭載したフランスの潜水艦がアメリカ東海岸で待機し、アメリカを威嚇していたという。

さらに、NATO加盟国のドイツがリビア沖でトルコの船を襲撃して乗っ取るという出来事もあった。ここからも実質的にNATO内で対立が起こっていることがわかるが、やはりアメリカは動かなかった。

アメリカに代わる「世界の警察」を目指すロシア

アメリカは瀕死《ひんし》の状態に陥った。それにともない、アメリカ軍は中東や欧州、アフリカから撤退。これによって世界中の多くの地域がアメリカ不在による権力空白期に入った。

その空白を埋めるべく、ロシアが大きく動き出しているようだ。

FSB筋によると、ロシアはアメリカが撤退した地域に参入するために新たな民間警備会社を設立。政治色を排し、ロシアの先端軍事技術を使って大手の資源会社（主に石油やガスなどのエネルギー企業）や船舶会社などの警備にあたるのだという。

この新警備会社はアメリカ人を含む世界各国の特殊部隊の出身者らを雇い入れ、各地から撤退しているアメリカ軍の代わりに国際的な多国籍企業の用心棒を請け負うつもりだ。

すでに彼らはアフリカ、中東、ヨーロッパ、アジアなど世界各地に展開している。

要するに、ロシアは「世界の警察をやめる」と宣言したアメリカに取って代わろうとしているのだ。

ちなみに、同筋の話では、ロシア当局のなかで「プーチンの後釜になりたい」と思う人間は皆無だという。本当の権力者はプーチンのような操り人形にはなりたくないからだ。

いずれにせよ、アメリカ軍はアフガンやシリア、ヨーロッパなどから軍隊を引き揚げて中国対策に集中するつもりだという。

そのため、このロシアの動きをアメリカ軍は容認しているのだとペンタゴン筋は話している。こうした一連の動きを見てわかるのは、バイデン大統領が誕生しても、やはりアメリカが世界の中心的役割を果たす時代は終わったということだ。

ヨーロッパと足並みをそろえた日本の「アメリカ離れ」

欧州は2020年7月、日本やカナダなど14カ国からの渡航を許可したが（中国についてはEUからの渡航を受け入れることに合意すれば渡航を許可するとした)、アメリカに対しては渡航を禁止した。

表向きの理由は「パンデミック対策」だが、本当のところはアメリカに対する不信感だとドイツの情報筋は伝えていた。

一方で少しさかのぼること6月15日の夕方、当時の河野太郎《こうのたろう》防衛大臣が陸上配備型迎撃ミサイルシステム「イージスアショア」の配備計画の停止を突然表明した。日本はこのタイミングでアメリカがゴリ押しする時代遅れで割高な武器は買わないと判断したのだ。今後は三菱《みつびし》重工などの日本企業が独自に日本製の武器の開発に乗り出すことになると右翼筋は話した。

いずれにせよ、このことは日本が欧州同様、アメリカと距離を置き始めたサインだと見ていいだろう。

しかし、日本も欧州も、アメリカの一極支配を中国の一極支配に置き換えるつもりはない。

そうであるなら、日本は積極的に欧州やロシア、イギリス連邦などとの関係を深め、アメリカ一強でも中国一強でもない、各国がゆるやかに連帯する多極化した新たな国際システムを誕生させるしかない。

ドル、石油による金融支配の終焉

マクロ経済を見ると、ここにきて金融支配の異変が起こっている。

新型コロナウイルス騒動後、ニューヨーク5番街（金融街）は9割の人たちが職場に戻っていない。筆者はもう永遠に戻らないだろうと考えている。それはなぜか。彼らが寄生虫だったことに多くの人が気づいたからだ。

たとえば、1日あたりの為替先物取引の出来高は実物通商で実際に必要な為替の1000倍以上の取引単位でやりとりされている。中国がオーストラリアから麦を買い、その代金を支払う。その実物の為替需要の1000倍で取引されるのが先物市場だ。株式市場も同じく、金融派生商品や高速取引によって企業の実際の取引の数千倍を上回る先物取引が行われている。こうしたバクチに堕落してしまった金融は永遠になくなるだろう。

実際にニューヨーク5番街は無人状態で、店舗がすべて閉まり、かなり空洞化していた。これは日本で報じられないが、とんでもない異常事態なのだ。

そんななか、いつの間にか新しい金融システムが導入され始めた。

これだけアメリカがおかしくなっているのに、ドルが通貨として崩壊していない。そこからわかるのは、「ドルはアメリカの通貨ではない」ということだ。

外国人が持つ銀行のカードは日本では以前までシティバンクの特定のATMしか使えなかったが、いまはどのコンビニのATMでも使えるようになった。

また、最近までマイナンバーがなければ海外送金できなかったが、現在はマイナンバーがなくても送金できるようになった。

要は海外送金がシティバンク経由ではなく現地の銀行に直接できるようになったわけだ。さらに、これまでは海外送金に1週間ほどかかっていた。その間にそのお金を銀行がいろいろ使って遊んでいたのだが、それがなくなったのだ。

こうしたことも旧来の金融支配が変わった表れだ。金融支配がいつの間にか旧体制とは違うグループの手に渡ったことがうかがえる。

そんななか、アメリカ経済新年である2020年10月1日の前日にあたる9月30日、日本の東京証券取引所でシステムがすべて止まった。株式売買システム「arrowhead」に障害が起こり、その影響で国内の主要株式市場が終日取引停止となったのだ。東証がコンピュータによる取引に移行したのが1999年で、それ以降初めての事態だったという。

しかし、これはたんなる障害事故でもなんでもない。

竹中平蔵が日本の上場企業の株を外資系ハゲタカファンドに手渡して以降、日本銀行は東証経由で彼らにお金を流していた。それが止められたという情報が入っている。それこそがシステムダウンの本当の理由であり、じつは日本人にとって朗報だったのだ。悪者に行くお金が止まったのだから。

これは何も日本だけの出来事ではない。じつはオーストラリアや欧州などでも同時期に株式市場の取引が停止した。

旧来の金融システムの崩壊という点では、いずれ石油本位制もなくなるだろう。

石油や石炭の市場はこれから長期的不況に突入する。それは二酸化炭素の排出量削減どうのこうのというウソの話とはまったく関係ない。いまは太陽光発電のほうが発電コストが低いし、1時間で世界の1年間のエネルギーをまかなえる。電気を蓄積するリチウムイオン電池も発達しているから、石油本位制が根本から変わろうとしているのだ。

ミクロ経済で大きく変わったのは、狭いタコ部屋で毎日みんなが一緒に働く必要がなくなったことだ。ズームなどを使えば、リモートワークできるようになった。

以前、アメリカン・エキスプレス・インターナショナル・インコーポレイテッドというクレジットカード会社が東京・荻窪《おぎくぼ》の大きなオフィスビルに入った。その理由を聞いてみると、電話番号「03」が使えるところで最安の不動産価格だったからだという。当時は電話回線が大変高価だったが、いまならタダ同然でテレビ通話できる。

そのため、働く形態もオフィスに求めるものも大きく変わった。

たとえば、長野・軽井沢《かるいざわ》で不動産価格が上がっているのは、わざわざ通勤しなくていいとみんながわかってきたからだ。東京の会社で働きながら遠方の閑静な住宅に住む。そうした変化も旧来の金融支配に影響をおよぼしている。

格差社会を変える「中央銀行革命」

これまで、ハザールマフィアの支配下で大格差社会がつくられてきた。超エリートだけが中央銀行を管理し、金融機関を使って大儲《おおもう》けしていた。中央銀行が超エリートの私物と化していたわけだ。

第1章で述べたとおり、スイスの学者たちの調べによれば、約700人で構成された超エリートが9割の多国籍企業を管理していた。要は彼らがお金を無からつくる権利を牛耳っていたのだ。

パソコンにインストールするソフトを買ったとき、シリアル番号を入力すれば、そのソフトを使えるようになる。それと同じように、彼らは日本銀行やFRBに1兆ドルをつくろうと思えば、特定の入力作業をすれば、簡単につくれるのだ。

この超エリートたちが、まずは自分の仲間たちにお金を配る。日本でも金融緩和したとき、富める者が富めば、貧しい者も自然に豊かになるという、いわゆる「トリクルダウン」が期待されたが、実際はまったくそうならなかった。

超エリートの仲間たちは基本的に寄生虫だが、そうした連中が世界的な格差をつくってきた。世界のたった0・000001%の人々が、いまも99%の富を独占している。

じつは図表の『フォーブス』の長者番付に載っているような人々も、約700人の超エリートたちに飼い慣らされており、世界でいちばんのお金持ちというわけではないのだ。

彼らは億ドル単位の資産を保有しているが、昔から兆ドル単位の資産を持つ超エリートが存在している。この超エリートたちは財団経由で資産を保有しているから、フォーブスには掲載されない。

筆者がフォーブスに在籍中、初めてこういう取材したとき、世間ではデイヴィッド・ロックフェラーがすべてを支配しているといわれていた時代だった。

しかし、いろいろな人に話を聞くと、「何を言っているのか。デイヴィッドは本当

2020年発表の「フォーブス400」トップ10の顔触れ

（単位：億ドル）

順位	氏名	社名	納税額
1	ジェフ・ベゾス	アマゾン・ドット・コム	1,790
2	ビル・ゲイツ	マイクロソフト	1,110
3	マーク・ザッカーバーグ	フェイスブック	850
4	ウォーレン・バフェット	バークシャー・ハサウェイ	735
5	ラリー・エリソン	ソフトウエア事業	720
6	スティーブ・バルマー	マイクロソフト	690
7	イーロン・マスク	テスラ、スペースX	680
8	ラリー・ペイジ	グーグル	675
9	セルゲイ・ブリン	グーグル	657
10	アリス・ウォルトン	ウォルマート	623

＊「不動産王」トランプは、所有する不動産の価値が新型コロナウイルスの影響で下落し、資産総額は19％減の25億ドルとなり、順位を19年の275位から352位に落とした。

の長者番付では300位くらいで、過去の人だよ」と言われた。

1918年のフォーブスまでさかのぼって調べてみると、そのときにロックフェラー一族は貧乏になっていた。なぜなら、彼らは財団に資産をすべて寄付したからだ。

その財団を見ると、アメリカ『フォーチュン』誌に掲載された「フォーチュン500」の企業をほとんど仕切っていた。だからジェフ・ベゾスもビル・ゲイツも、じつは下っ端なのだ。

いままでは超エリートが無からつくったお金が寄生虫のエリートの手に渡り、

末端の人たちは娼婦《しょうふ》、ウェイトレス、用心棒くらいしか仕事がないという大格差社会がつくられてきた。中央銀行を私物化した連中が自分たちの部族ばかりにお金が行く仕組みを構築していたからだ。筆者が「ハザールマフィア」と呼んでいる人々だ。

これから、もし中央銀行が国有化されれば、人々の生活水準は一気に向上する。筆者はつねづねそのことを訴えてきた。いま、ようやくそれをアメリカやカナダで実行し始めている。これからは日本でも実行していくだろう。

この格差社会をつくった根本は、1971年の「ニクソン・ショック」でドルが金本位制から外れたときだ。アメリカ人の9割の生活水準がそのときから下がり始めた。

現物に密接した通貨があれば、実際にものづくりをしている人たちに有利になる。しかし、無からお金をつくる権利をハザールマフィアが独占するかぎり、まるで神さまからお金が降ってくるかのような振る舞いを彼らがするかぎり、それに寄生する人たちにだけお金が回って格差がどんどん広がる一方だ。

中央銀行をめぐる革命が、そんな大格差社会すら変えようとしているのだ。

「壮大な演劇」にすぎないパンデミック

現在、一神教の世界を中心に、人工世紀末劇が加速度的に展開されている。

複数の欧米当局筋によると、いま起きているインチキ・パンデミック騒動は、その序章にすぎないのだという。

新型コロナウイルスとともにサバクトビバッタ（飛蝗）の大群による食糧危機の懸念も同時に拡大したが、おそらく次の段階では宇宙関連の演出が数多く見られるようになるだろう。

とはいえ、新型コロナウイルスのばらまきによって「世界人口を大幅に減らす」というハザールマフィアの目論見《もくろみ》は、すでに失敗に終わった。

いまは欧米新体制派の勢力がインチキ・パンデミック騒動を利用して金融システムの再起動と新たな世界体制の誕生を目指している。

それにともない、彼らはパンデミックを理由に戒厳令を実施。その目的は悪魔を崇拝する欧米エリートの大量逮捕劇だった。

ここで今回の新型コロナウイルスのパンデミック騒動が実体のともなわないプロパガンダ（大規模な心理、情報戦）であることを、あらためて認識してほしい。

新型コロナウイルスによる世界全体の死者数は２０２０年3月下旬時点で1万人ほどと報じられていた。

それに対し、たとえば結核によって毎年１５０万人もの人々が死亡しているにもかかわらず、パンデミック騒動などはまったく起きていない。

また、3月半ば時点で死者数が世界最多と報じられたイタリアのデータを見ると、死者の平均年齢が80歳を超えており、しかもそのうち99％が以前からほかの病気や持病を抱えていたことがわかっている。

となると、別の要因で亡くなった高齢者を「新型コロナウイルスに感染して死亡した」ということにして騒動を拡大させていた可能性を否定できない。

さらに、当時、ＣＤＣ（アメリカ疾病対策センター）が配っていた新型コロナウイルスの検査キットが、じつは水とコロナウイルスの識別すらできない代物だったことが発覚した。

一方で、正確かつ安価な検査キットを大量生産できる会社がいくつか名乗りを上げたにもかかわらず、各国政府は、なぜかその会社を使う気配がない。それなのに、どうして大手マスコミが毎日リアルタイムでくわしい感染者数のデータを発表できるのか謎だ。

パンデミック騒動が「壮大な演劇」であることを知るヒントはインターネット上でも数多く見受けられる。

たとえば、インサイダーたちがパンデミックに関するコメントとともにコロナビールを持った画像をSNSにアップしているなど、かなりわかりやすい。

しかし、それでも現実にフランス、スペイン、イタリア、アメリカ、カナダ、インドネシア、イスラエルなどで外出禁止令など戒厳令か、それに近い緊急措置が発令されていた。なかでも最も激しい動きを見せていたのがアメリカだった。

2020年3月13日、トランプが国家非常事態宣言を出した。しかも、アメリカ軍当局が取る具体的な対応を見ると、そのときがアメリカ史上初の状況だったことがわかる。

核戦争後の余波を想定したレベルのさまざまな超法規的措置やガイドラインが準備され、最高機密の緊急時対応計画のもと、政治家ではなく、軍を中心とした国の支配体制に移行していたからだ。

3月19日にもアメリカ国務省は渡航警戒段階で最高の「レベル4」（渡航中止）を世界全域を対象に発令した。「レベル4」とは通常、戦争当事国への渡航に関する勧告内容だ。さらに、アメリカ国内では外出禁止命令が出され、戦車など軍用車両の大移動も各地で目撃された。

また、MI6筋によると、イギリスでも当時、軍の特殊部隊が総動員されていた模様だ。そして、イギリス国内でもやはり軍用車両の動きが目撃された。

さらに、同筋は「有線の電話サービスだけを残して、一時的に携帯電話やインターネットの通信網を遮断することが決まった」と伝えていた。その間にイギリスとアメリカの両国で悪魔を崇拝する欧米エリートらの逮捕劇が計画されていたという。

ほかにも、英米両国では軍が主導して国が企業や役所、金融機関の経済活動の主導権を奪取することも計画されていたようだ。

これについて、P3フリーメーソン筋は、「これまで横行していた資本原理主義経済に終止符が打たれ、これを機に、欧米でもアジア（中国やシンガポール、かつての日本など）の経済運営方法を参考にした新しい仕組みが構築されることになる」と話していた。

戦争なき「金融異変」と「人工世紀末劇」

いずれにせよ、現行の世界金融経済の仕組みが空中分解しているのは明白だ。

「zerohedge.com」に「株価」と「企業利益から見た実体経済」の長期的な推移（1950年代～）を示したグラフがある。

これを見ると、長期トレンドの軌道に合わせるためには、株価が近年のピーク時の3分の1まで下がる必要がある。当時で株価がピーク時から5割も下落していた。となると、数学的に考えて、大企業およびすべての大手金融機関が破綻するのは必至だ。

さらに、多くの投資家が市場から逃げ出した（＝金融商品を売って現金化した）。要するに株式市場のシステム自体が機能不全に陥っているのだ。

ただし、いまの金融混乱はパンデミックのせいでもなんでもない。アメリカ政府が起こした不渡りが原因だ。そして、その影響は瞬く間に世界全体へと広がり、一神教の司令部に新時代を始める儀式として、人工世紀末劇に踏み切るよう決断を促したとＰ３フリーメーソン筋やペンタゴン筋は伝えている。

ＭＩ６筋によると、この人工世紀末劇では人類を大量に殺すのではなく、ホログラムやＣＧ映像などを駆使した宇宙関連の演出が検討されているという。

ＮＳＡ筋も、「既存の世界システムを第３次世界大戦を起こさずして根本的に変えるためには世紀末劇もいたしかたない」と話している。そして、「小惑星が大気中で大爆発を起こす可能性がある」との報道もいくつか出始めた。

いずれにせよ、しばらくのあいだは世界の激しい動きに備えて心の準備をしておいたほうがいい。ただし、みなさんが不安やパニックに陥る必要はまったくない。

新型コロナウイルス後、異変が起きていたのはアメリカだけではない。

IMFのクリスタリナ・ゲオルギエヴァ専務理事の発言によると、2020年4月14日までに、加盟190カ国のうち100カ国が緊急支援をIMFに要請していたという。

そんななか、これまで堅調だった中国経済も、ご多分に漏れず大打撃を受けた。

IMFや欧米の民間中央銀行は実体経済と関係なく8兆ドル以上ものお金を無から創造してこの危機に対応している。

当時、アメリカ在住の知人らに確認したところ、多くの人々が政府からの現金給付（成人ひとりあたり1200ドル、子どもは500ドル）を受け取っていたようだ。ただし、現実問題として、実体経済の冷え込みが急加速するなか、このあぶく銭にどれほどの経済効果があったのかは謎である。

また、とくに石油市場は前代未聞の危機的状況だった。新型コロナウイルス騒動が始まって以降、世界の石油需要が激減し、供給過剰の状態が続いた。過剰供給分を備蓄する設備も足りない状況で、専門家からは「今後、石油の価格はゼロ以下に暴落するだろう」との予測が続々と出ていた。その後、実際に史上初のマイナスとなった。

また、CIA筋からは「トランプだけでなく、フランスのマクロン大統領、ドイツのメルケル首相、イギリスのジョンソン首相も影武者に置き換えられた」との情報が寄せられている。

筆者の知人がボリス・ジョンソン首相の父親に電話したところ、「いま、息子とは連絡が取れない」と話していたという。

そのイギリスでは大きな炎が渦巻いているような巨大なホログラムがたびたび上空に出現していたようだ。「プロジェクト・ブルービーム計画」を彷彿させる。

人工世紀末騒動の混乱は、まだ収まりそうもない。

パンデミックの最終的な狙い

2020年に入り、大手企業プロパガンダ・マスコミの報道が新型コロナウイルス一色となっていた。そのとき、世界の目はほかの歴史的な動きからことごとくそらされていた。

たとえば、イランとアメリカの和平への動きなど中東に大きな地殻変動が生じつつあることはあまり報じられてこなかった。

ほかにも、ドイツ政府とEU本部が決裂していること、アメリカの宇宙軍が本格始動を始めたことなど、なぜかマスコミではほとんど重要視されていなかったのだ。

じつはこのインチキ・パンデミック騒動はかなり前から計画されていたことになる。ちなみに、EUでは2012年に欧州委員会が今回のパンデミック騒動を彷彿させる内容の漫画本を作成し、EU幹部にだけ配布していたこともわかっている。

その『Infected（感染した）』というタイトルの漫画本の内容はパンデミックが起きて世界中が大変なことになるが、最終的にはグローバリストたちが救世主となって世界を救うというものだ。

さらに第1章でも触れたとおり、同筋によると各国政府がソーシャルディスタンス確保の徹底を大衆に呼びかけている本当の理由は、「人々が密集していると個人情報の遠隔識別が困難になるから」。つまり、その呼びかけは人間牧場の家畜を管理しやすくするためにほかならない。「independent.co.uk」の記事でも数千万人分もの「個人情報」および「いつ、どこで、誰と会い、どのような会話が交わされたか」など詳細がビッグデータとして存在することが暴露されている。

しかし、それらの情報が、どこで、どうやって収集されているのかは、専門家からしても謎だという。

また、パンデミック騒動による経済破壊工作には将来的にみんなを政府から給付されるお金に依存させる狙いもあるようだ。もちろん、そのお金を受け取るには家畜管理番号（ソーシャル・セキュリティー・ナンバーやマイナンバー）の提示が必要となる。

要するに、民間中小企業などの独立した経済活動をやめて、中央管理システムのなかで民衆をつねにコントロールしていくことが、ひとつの大きな狙いなのだという。

情報源らが言うように、これまでのさまざまな動きを見ても、ハザールマフィアが一般大衆の監視（居場所や交友関係、会話などの把握）や人々の生命線である生活費の管理をしたがっているのは明らかだ。

しかし、その動きがエスカレートしたいまは、ある意味でそれを脅威に思うより、支配階級（ハザールマフィアと、それに従属する各国の指導者たち）が切羽詰まって権力を維持するために必死であがいているサインと見るほうが正しい。

共産圏が崩壊する直前も体制維持を図るために大衆に対して似たような管理体制の強化が見られたが、それでも崩壊は止まらなかった。

「アメリカ軍はサウジアラビアやイスラエルを護衛しない」

ハザールマフィアが巣くうアメリカの経済は末期症状としか言いようのない状況が続いている。たとえば、2020年3月には外国人が約3000億ドル分のアメリカ国債を投げ売りした。これは記録的な数字だ。

その事態に対応するため、アメリカ政府はみずから同額分のアメリカ国債を買い増した。

しかし、そんなことをしたところで、そのアメリカ国債を使って海外からものを買うことはできない。そのため、4月中も引き続き、アメリカへの輸入の物流量は激減した。

また、アメリカ以外でもハザールマフィアの管理体制が崩壊しているサインは多い。

たとえば、2020年5月5日、ドイツの連邦憲法裁判所が「EUのECB（欧州中央銀行）の長期量的緩和策がドイツの法律に違反する可能性がある」とし、今後3カ月以内にECBの経済刺激策への協力からドイツが撤退するよう110ページにものぼる判決を言い渡した。

内情はいろいろ複雑だが、結論として、そこに書かれている内容は、「ドイツ版ブレグジット」であるとMI6筋は話していた。EUの崩壊劇が加速しているのだ。

中東でも歴史的な変化が起きつつある。

まず、イスラエルの隣国ヨルダンの国王が、「ヨルダン川西岸を併合するというイスラエルの計画は大規模な紛争につながる」との声明を出し、戦争も辞さない構えを見せた。この発言の背景にはアメリカ軍がイスラエルとサウジアラビアの天敵、イランとの和平を模索し始めたことが大きくからんでいた。

イランとの和平を模索するということは、「今後、アメリカ軍はサウジアラビアやイスラエルの護衛はしない」ということ。このことでエジプトやヨルダン、シリア、トルコは今後ようやくイスラエルとサウジアラビアを堂々と成敗できるようになった。

また、異様なことに、イスラム教の聖地メッカの人口の7割以上が新型コロナウイルス感染者だと報告された時期があった。これはイスラム司令部に対するパージが始まったサインだった可能性が高い。

東西の結社が賛同する「国際経済企画庁」の新設

以前、P2フリーメーソン（現在のP3）と面会した際、彼らは「欧米に計画共産主義のシステムを導入させたい」と話していた。その目的は中央管理、統制システムへの移行だ。

一方のハザールマフィアも、目的はほぼ同じだが、手段が違う。今回のパンデミック騒動で多くの企業や銀行を倒産させ、それらをすべて二束三文で買いあさって中央の権限強化を図るつもりだ。

また、アメリカの既存体制が崩壊間近であるサインとして、2020年5月21日にワシントン州政府が「パンデミックにより失業した人々に失業手当を給付できない」と発表した。

これについて、州当局は「ナイジェリアの詐欺組織に失業保険プログラムから数億ドル盗まれたから」とバカげた説明をした。

もちろん、本当の理由はアメリカ連邦政府と同様、もともと州政府が破綻したからだ。しかし、欧米新体制派は手の施しようのないほど腐敗した既存のアメリカ政府に延命資金を渡すつもりはないという。

そのため、いまの体制が完全に崩壊するまでは、しばらくアメリカ国内の混乱は続きそうだ。

一方、水面下では2020年7月ごろ、アジアと欧米の結社が新たな世界システムの構築に向けて再度イギリスで交渉を行う予定だったとP3フリーメーソン筋が伝えていた。

しかも、決定ではないが、すでにいくつかの大筋案もできているという。

まず、「新国際システムが発足する際は、最初に欧米人が指導的立場につき、次にアジア人に引き継ぐ。その後は、人種や地域を問わず、そのときに最も有能な人間がトップに立つ」ということ。次に「基本原則として、各国は既存の権限と独立を維持する」ということ。それから「全地球にかかわる問題、たとえば大気や海の汚染、砂漠の緑化などは新たな国際機関が担当する」ということだ。

ちなみに、以前から提案されている新国際機関「国際経済企画庁」の新設についても、すでに東西の結社から賛同を得たという。

いずれにせよ、そうした世界新体制への動きを邪魔するのは相変わらず悪魔崇拝グループのハザールマフィアとシオニストの狂信派グループだ。

彼らは、いまだに第3次世界大戦による人工世紀末劇を実現させようとしている。そして、「米中戦争勃発」を狙った不穏な工作も香港《ホンコン》や台湾などで始めた。

しかし、それに対抗する動きとして、イスラエルなどの中東地域で近く大がかりな動きが予測されている。また、スイスに本拠地を置くロスチャイルド一族の司令部の取り締まりも強化される見込みだ。

もちろん、いまはハイブリッド戦争の真っただなかであるため、彼らもまたパンデミック騒動のようなとんでもないことを企んでいる可能性は高い。やはり、最後の最後まで油断は禁物だ。

トルコの「オスマン帝国復活」

アメリカの崩壊の加速にともない、世界の各地ではアメリカ不在が生み出した「空白」が生じ始めている。とくに注視すべきは、トルコが中東地域で始めた領土拡大の動きだ。

ほかにも、アフリカやインド、中国、朝鮮半島なども、慌ただしい空気に包まれている。

まずは、「オスマン帝国の復活」を狙うトルコの動きから見ていきたい。

トルコは、まずリビアに軍を派遣してエジプトやフランス、ロシアが支持するハリファ・ハフタル陸軍元帥を攻撃。リビアの首都トリポリからハフタルを追い出し、次に石油の三日月地帯（リビアの石油埋蔵量の7割を占める油田集中地域）といわれる地域周辺の彼の陣地を攻撃した。

この軍事行動について、トルコ側に話し合いの余地はなさそうだ。トルコ国内のマスコミも、「停戦など、いかなる提案も進展の見込みがないため、ロシアの外務大臣と国防大臣のトルコ訪問が、直前になってキャンセルされた」と報じた。

ロシアかアメリカがトルコと全面戦争でもしないかぎり、オスマン帝国復活の動きは止められそうもない。

エジプト政府もリビアでトルコと戦うより隣国エチオピアへの対処に集中せざるをえない状況にある。なぜなら、エチオピアがエジプトの水や食料生産の生命線であるナイル川をせき止める「大エチオピア・ルネサンスダム」の建設を始めたからだ。

そのダム建設をめぐり、2020年6月14日、エジプト、スーダン、エチオピアのあいだで交渉が行われたが、話し合いは決裂。7月21日に協議継続で合意したものの、解決の兆しはまったく見えていない。この状況を鑑み、ロシアの専門家などは、「エジプトとエチオピアが戦争に突入するのは時間の問題だろう」と分析した。

また、インドと中国の国境付近でも1960年代以降で最も激しい領土紛争が繰り広げられている。これについて、MI6筋は「これまでにインドと3回も戦争を勃発させているパキスタンが、中国と手を組んでカシミール地方（インドとパキスタンの係争地）をインドから奪うつもりだ」との情報を寄せた。

インド、パキスタン、中国はいずれも核保有国であるため、この動きも注視する必要があるだろう。

さらに、CIA筋からは「北朝鮮の最高指導者・金正恩《キムジョンウン》がアメリカと韓国の共同工作によって暗殺された」との情報が寄せられた。北朝鮮はそれについて韓国政府に激怒し、仕返しとしてなんらかの軍事的行動を考えた。そして、韓国の財閥サムスンの李健熙《イゴンヒ》会長を殺害したと同筋は伝えた。

この際、日本の自衛隊はアメリカ軍と北朝鮮政府と連携して韓国のハザールマフィア傀儡政府を追い払うための行動を取るべきだ。やり方次第では日本が朝鮮半島を併合するのも可能になるかもしれない。

カナダによるアメリカの吸収合併計画

いずれにせよ、これらはすべてアメリカが「世界の警察をやめる」と宣言し、不在となったことで生じている動きだ。

いまのアメリカは、もはや他国のことを気にしている場合ではなくなっている。たとえば、アメリカ西海岸のシアトルに誕生したCHOP（=Capitol Hill Organized Protest、もしくはCHAZ=Capitol Hill Autonomous Zone）と呼ばれる「独立区」は、どんどんおかしな方向に進んでいるように見える。現地警察によると、CHOPは独自の通貨やID（電子マネー）などを導入し、化学兵器を有する武装集団も組織されたという。地区外からは警察も消防もゴミの収集車ですらも入ることはできない。

しかも、その地区を掌握したのはラズ・シモンという人物。薬物、銃、売春の斡旋《あっせん》、子どもに対する犯罪などで逮捕歴があり、アメリカ連邦の児童ポルノ監視リストにも載っている男だ。

さらに、2020年6月ごろ、アメリカ・ジョージア州のアトランタ市も無秩序状態に陥っていた。きっかけは白人警官がテーザー銃（スタンガンの一種）を奪って逃走しながら攻撃をした黒人男性を背後から射殺した事件だ。

その後、白人警官は免職となり、重罪謀殺罪など11件の罪で訴追されたのだが、それを受けて、アトランタ市警の警官らが辞職したり、ゼネストを起こして職場をボイコットしたりと異常な事態となった。その影響でアトランタ市の治安がきわめて悪くなったという。

調査の結果、「警察改革法案」可決の動きを受けてワシントンD.C.の警官の75%が「退職を検討している」と回答したこともわかっている。

そうした不穏な状況が全米各地で見られるなか、ワシントンD.C.のアメリカ行政の中枢も権力闘争で完全に機能不全に陥っている。

その内紛を表す事柄のひとつがCNNが躍起になって消そうとした「CNNを揶揄《やゆ》したフェイクニュース」の動画だった。トランプのツイッターからは消されていたが、「citizenfreepress.com」でそれと同じ動画を見ることができた。

動画の前半10秒がCNNをバカにしたフェイクニュースの動画。黒人の男の子を白人の男の子が追いかけているシーンだ。そして、テロップには「恐怖におびえる（黒人の）幼い男の子が人種差別主義者の（白人の）幼児から逃げている」「人種差別主義の（白人の）幼児は、おそらくトランプ支持者だろう」とある。

しかし、その後の映像を見ると、もともとはどういう映像だったのかがわかるようになっている。全部を見ると非常に無邪気でかわいらしい動画だ。

つまり、「CNNを筆頭とする反トランプの大手マスコミが、いかに映像や情報を編集し、真実をねじ曲げて報道しているか」をわかりやすく皮肉っているのだ。

こうして、アメリカの権力層はくだらない泥の投げ合いをあちこちで続けている。

MI6やアジア結社筋によると、そうしたアメリカの崩壊劇を受けて、水面下では「カナダによるアメリカの吸収合併」という案も出たという。

いずれにせよ、早くなんとかしないとアメリカの混乱が世界全体に飛び火する。

第4章
分断される アジア、中東経済

2020年8月24日、東京・信濃町の慶應義塾大学病院に入る安倍晋三総理(当時)。
表向きは健康上の理由とされているが、その電撃辞任の真相は、
水面下で起きている世界的な大変革のごく一部にすぎない(提供:共同通信社)

ハザールマフィアに管理された「永田町劇団」

まさに、いま、戦後につくられた国際システム、具体的にはアメリカを中心としたIMF、世界銀行を中心とした国連の枠組みが、違うものに置き換えられようとしている。

その一方で、ハザールマフィアは現状維持のために、さまざまな策謀をめぐらせている。

なかでも、ユダヤカルトはイスラエル発信の人間牧場経営やプロジェクトブルービーム計画のような人工世紀末劇を実現しようとしている。

とはいえ、アジア圏は世界人口の65%を占めており、GDPも半数を超えている。その力を背景に、世界秩序をアジア中心でつくろうとしているアジア結社グループがある。

彼らを中心に、いまの欧米のいい部分を残しつつも、まったく新しい国際的な枠組みである「世界連邦」を目指す欧米勢力もいる。

これまでは第1次世界大戦、第2次世界大戦といった戦争によって新しい枠組みが創出されてきたが、今回は大規模戦争を実行せずに新しい枠組みをつくろうとする試みだ。

いずれにせよ、今回の新型コロナウイルスは新しい世界体制を生み出すための恐怖の通過儀式なのか、はたまたハザールマフィアによって本当に人が大量に殺されるのか。その分かれ目になっている状況だ。

ただ、各国の新型コロナウイルスの感染図を見ると、ロックダウンしようが、従来どおりに過ごそうが、どんな対策を講じようとも、感染状況はほぼ同じだ。その国々のしきたりによって、マスクを法的に義務づけるか、外出禁止にするか、まったくの自由にするか、さまざまな方法がある。

しかし、どの国も感染状況は似たり寄ったり。医学的にはありえないことが起こっている。

ここでおもしろいのは、第1章でも触れたとおり、アフリカには新型コロナウイルスがなかったことだ。また、ベラルーシのルカシェンコ大統領がメディアで悪者にされたのも、彼が賄賂を断ったと暴露したからだ。

日本も、いまのところ人間牧場と化している。ハザールマフィアにマスコミは管理され、政治家は賄賂を渡されている。そのさまを筆者は「永田町《ながたちょう》劇団」と表現している。

インチキ・パンデミック騒動に便乗して、日本でも安倍政権が緊急事態宣言を発出できる新型コロナウイルス対応の特措法改正案を2020年3月13日に成立させた。

これにより、政府は土地や建物を強制的に収奪して、「新型コロナウイルス感染者の収容施設」として使うことができるようになった。賄賂漬けの売国奴政治家らの本当の狙いは、彼らにとってその問題分子を「患者」として、その強制収容所に入れることだった。

もちろん、愛国心ある日本の自衛隊や警察当局が、そのようなことを許すはずがない。当然ながら、彼らの思惑は不発に終わるだろう。

逆に、日欧米の反旧体制派は、いまのインチキ・パンデミック騒動を利用して欧米のハザールマフィアとその奴隷分子の大掃除を目論んでいる。その大掃除が終われば、国際金融システムの再起動を経て、世界はようやく新たな時代を迎えることができるのだ。

〈彼ら〉の人質となった日本国民

安倍晋三前総理はハザールマフィアから日本を衰退させるよう前々から指示を受けていたとＣＩＡやアジアの結社筋が伝えていた。

インチキ・パンデミック騒動のさなかも、安倍はある程度、その命令を忠実に守っているように見えた。

新型コロナウイルスが経済を停止させる理由にはならない。今回の経済停止の状況は政府による経済破壊工作にほかならない。いうなれば、これは国民に対する背任であり、本来なら死罪にもあたる行為だ。

図表の数値は２０２０年5月ごろにＰ３フリーメーソン筋から寄せられた、ヨーロッパ各国の総人口に対する「新型コロナウイルスで死亡していない人々」のパーセンテージである。

これを見ると、ゆるい対策のまま通常どおりの経済運営を続けているスウェーデンの死亡率が最も低かった。ここからもわかるように、経済活動を止める必要は何もなかったのだ。

しかも、公表されている数値は別の要因で死亡した患者も新型コロナウイルスで死亡したことにして死亡率が水増しされている状態。だから、図表の数値こそが真実で、日本における新型コロナウイルスの死亡率は、同じ計算をすれば、0・0002％となる。

今回のインチキ・パンデミック騒動の発端は新型コロナウイルスなどではなく、アメリカ政府が出した不渡りが原因だ。

アメリカ政府が人類史上最大の借金を抱えて破綻したことで、ワシントンD.C.（株式会社アメリカ）に巣くうハザールマフィアが世界人類を脅し、なんとか延命資金を得ようとしていた。

ヨーロッパ各国の総人口に対する「新型コロナウイルスで死亡していない人々」の割合

ベルギー	99.944%
スペイン	99.956%
イタリア	99.957%
フランス	99.965%
イギリス	99.972%
オランダ	99.975%
スウェーデン	99.980%

＊2020年5月ごろにP3フリーメーソン筋から寄せられた数値。

世界最大の債権国である日本の国民は、いわば彼らの人質だ。そのため、株式会社アメリカの指示におとなしく従う安倍と、その周囲にいる売国奴らを排除することが急務だった。

アメリカ宇宙軍トップのジョン・レイモンド宇宙作戦部長が安倍を表敬訪問した際、「東京に原爆を落とす」と脅したという情報も寄せられている。

マスコミは朝から晩まで人々の恐怖心を煽るウソの情報を垂れ流しているが、読者のみなさんは、そんなテレビや新聞の報道には騙《だま》されないでほしい。

また、自衛隊や警察当局など、この国を守るために日々働いているみなさんには、永田町にいる日本国の敵を一刻も早く権力の座から引きずり下ろすよう、ぜひともお願いしたい。

日本のマスコミが弱体化した本当の理由

日本のマスコミが、いつハザールマフィアから解放されるのかが見どころだ。

ちなみに、筆者はいま、キー局にはいっさい出られない。ブラックリストに載っているからだ。昔はテレビによく出ていた時期もあるが、そのときに複数のプロデューサーから、「ベンジャミンさんが出ると視聴率は高くなるけど、上層部からは出演させるなと言われている」と伝えられたことがある。

どうやら、小泉純一郎《こいずみじゅんいちろう》元総理の秘書官で、現在は内閣官房参与を務める飯島勲《いいじまいさお》が「NG論客リスト」なるものをつくっており、筆者がそのブラックリストに入っていたようだ。

一方で、動画共有サイトなら自分の言いたいことがはっきり言えるから、筆者はそちらに軸足を移した。あまりにも地上波がつまらなくなったこともあり、多くの芸能人、著名人も動画共有サイトに舞台を移している。だから、マスコミの世論操作能力は衰退し続けるだろう。

最近では地方紙など現場で本当のニュースをつくっているところにお金が流れなくなった。

筆者も相当の被害を受けている。グーグルに載った筆者のブログの海賊版に広告収入が流れ、筆者の手元には、その広告収入がいっさい入らないからだ。

アメリカの「メディア王」ルパート・マードックも以前、記者が実際に現場に足を運んでいるのに、そこで生み出された利益が「すべてグーグルに盗まれている」などと抗議していた。

日本でも地方の新聞社やテレビ局のお金がなくなり、現場でニュースを書く記者が激減している。金の卵を産むニワトリを殺してしまったのだ。

だから、グーグルも今後はひとつの公的機関のようになっていく可能性が高い。その変化の一端が2020年10月、グーグルが世界の約200の報道機関と提携して新たなニュースサービス「ニュース・ショーケース」を始めると発表したことだ。3年間で10億ドル（約1050億円）の記事使用料をメディアに支払うという。

これにはメディア界に渦巻くグーグルへの不満をかわす狙いがあると見られる。しかし、筆者としては、この金額があまりにも低すぎて正当な価値に見合っておらず、報道機関をバカにしているとしか思えない。

アメリカの日本経済破壊工作

株式会社アメリカの倒産を受けて、ハザールマフィアは新型コロナウイルスのインチキ・パンデミックを捏造し、世界各地に戒厳令を敷いて権力維持を図ろうとした。それにともない、ハザールマフィアに従順な「永田町劇団」は日本でも戒厳令に近い状態をつくりだし、さらにはインチキ・パンデミックに乗じて命令どおり日本の経済破壊工作を加速させた。

そうした状況を受けて、日本の自衛隊と警察当局が連携し、手書きのメモなどを連絡手段にして悪質な外国マフィアと、それに従う売国奴らを打倒する作戦を準備していた。

アメリカ陸軍やアメリカ海軍の第7艦隊も、この作戦を容認していたという。「我が国の平和と独立を守り、国の安全を保つため、我が国を防衛することを主たる任務」（自衛隊法第3条第1項）に掲げる自衛隊には外国勢に侵略され、独立を奪われているいまの状態から日本を解放する義務があるはずだ。

そのためには、まず自衛隊が東京に入り、首相官邸や国会議事堂、NHK、日本銀行、財務省などを占拠し、緊急臨時軍事政権を発表する必要がある。

次に、安倍政権も菅義偉《すがよしひで》政権も非民主的な選挙によって日本国民に押しつけられたという事実をみんなに知らせる。そのうえで、医療現場で調査を行い、今回のインチキ・パンデミックが国民の行動統制をするための情報戦、心理戦だと立証しなければならない。

安倍政権は以前から日本経済を破壊するようハザールマフィアの命令を受けて動いていた。その証拠に、日本のGDPは2020年に入って20％以上も下落した。しかも、それは世界と日本の経済崩壊劇の序章にすぎない。

『ポリティコ（Politico）』の記事では、「次に訪れる経済破壊工作」のヒントを見ることができる。ポリティコというのは主にアメリカ議会やホワイトハウスの動向を取材するなどワシントンD.C.のインサイダーに非常に近い媒体だ。

そこに今後は「白人優越主義テロ」「電磁波攻撃」「大地震」「さらなる生物兵器テロ」「偽情報の拡散」「核」などが懸念されるとの記事がある。

これについては同様の情報がCIA筋やMI6筋からも寄せられた。同筋らによると、それらの工作は2021年の秋に向けて段階的に発動される予定だという。

そうした情報を「信じがたい」と思う人もいるだろうが、ハザールマフィアがきわめて悪質である証しとして、アメリカ議会ホームページの次のリンクをここで紹介しておきたい。

https://www.congress.gov/bill/116th-congress/house-bill/6666?s=1&r=2

ここにある悪魔の数字666を冠した「H.R.6666-COVID-19 Testing, Reaching, And Contacting Everyone (TRACE) Act」という法案には、「強制的に市民の家に入り、新型コロナウイルスの検査を行うこと」、また「児童がウイルス検査で陽性となった場合、強制的に家族のもとから隔離すること」などの活動を政府が支援するという内容の記載がある。

そこで注目すべきは以下の部分だ。

To authorize the Secretary of Health and Human Services to award grants to eligible entities to conduct diagnostic testing for COVID-19, and related activities such as contact tracing, through mobile health units and, as necessary, at individuals' residences, and for other purposes.

保健福祉長官が、COVID-19の診断テスト、およびコンタクト・トレースなどの関連活動を、モバイル・ヘルス・ユニットを介して、必要に応じて個人の住居で、そしてそのほかの目的で実施するための助成金を適格な法人に授与することを承認する。

もちろん、アフリカの事例で述べたように、「新型コロナウイルス検査」というのもインチキだ。日本でも外資系のハゲタカファンドの子会社が用意した検査キットを使って同様のインチキ検査が行われている。そして、政府はその検査で陽性反応が出た人たちに危険な薬やワクチンを大量にばらまくつもりだ。

旧勢力のパージ劇だった安倍晋三の辞任

安倍政権の崩壊劇が加速し、2020年9月、ついに現実化した。その過程でカギとなっていたのが以下の三つのニュースだった。

まず、同年5月20日、「Vatican News」でイエズス会前総長アドルフォ・ニコラスの死去が報じられたことだ。

イエズス会前総長、上智《じょうち》大学で長年教鞭《きょうべん》をとり、日本での長い宣教経験を持つ、アドルフォ・ニコラス神父が、5月20日、東京で84歳で亡くなった。

ニコラスは3・11テロ（東日本大震災）を起こした主犯格のひとりのペーター・ハン

ス・コルヴェンバッハから受け継ぎ、前教皇ベネディクト16世のもと、2008年に第30代イエズス会総長に選任された人物だ。

情報源らによると、2011年当時、イエズス会総長を務めていたニコラスも組織として3・11テロ計画に大きくかかわっていたという。そして、3・11テロが引き起こされたあとに安倍政権が誕生した。

そのニコラスが死去した翌21日、以下のニュースが時事通信で突如報じられた。

安倍晋三首相の後援会が「桜を見る会」前夜に催した夕食会をめぐり、全国の弁護士や法学者ら662人が21日、公選法（寄付行為）と政治資金規正法に違反した疑いで、安倍首相と後援会幹部2人の計3人の告発状を東京地検に提出した。

これはトカゲの尻尾切りで、ハザールマフィアが日本における悪事の全責任を安倍に押しつけて逃げようとしているサインだとイスラエル諜報機関モサド筋は伝えた。

それと同時に報じられたのが、時事通信の「黒川《くろかわ》検事長が辞任へ」のニュースだ。

東京高検の黒川弘務《ひろむ》検事長（63）は20日、辞任する意向を固めた。複数の政府・与党関係者が明らかにした。新型コロナウイルスに関する緊急事態宣言の発令下に賭けマージャンをしていた疑いがあると週刊文春《ぶんしゅん》の電子版に同日報じられたため。特例的に同氏の定年延長を決めた安倍政権にとり大きな打撃となる。

これで安倍の防壁がさらにひとつ崩された。

ただし、ここで繰り広げられた安倍の失脚劇は水面下で起きている世界的な大変革のごく一部にすぎない。

バチカンやイエズス会の上部組織P３フリーメーソンの幹部筋によると、インチキ・パンデミック騒動を首謀したハザールマフィアのパージ劇は各地で始まっている。

「アベノミクス」は「アゲノミクス」だ

アベノミクスは基本、「アゲノミクス」だ。日本の富をすべて外国勢に〝あげて〟いたからだ。あれだけのお金を使っても、日本人の生活がいっこうによくならなかったのには、そういう理由がある。

安倍政権は日本の人口を7000万人まで減らすというハザールマフィアの命令で動いていたから、少子化の抜本的な解決には本気で取り組まなかった。

現時点では菅義偉総理も本気で取り組む気配がない。菅は少子化対策として不妊治療を保険の対象とするといった政策を掲げているが、本当はもっと大胆なことをしなければならない。たとえば、子どもを出産すると病院に数十万円ほど払うが、それを無料にしたり、今後増えるであろう空き家を子どものいる家族に無償で与えたりするといった政策を打てるかどうかがポイントになる。

また、今後は日本企業がハザールマフィアから解放されて、再び日本資本の手に戻るかにも注目したい。

10月1日以降に出る四季報を見て、そこでブラックロックやステート・ストリートなどの外資系ハゲタカファンドが約3分の1の株式を保有する企業がどれくらいあるかチェックすればわかる。もし、彼らの支配が薄まっているようなら、日本企業は再び本当の日本企業に戻ったといえる。

じつは日本銀行もハザールマフィアに牛耳られている。筆者が日本銀行の広報室に株主構成について問い合わせたところ、財務省が55%、残り45%が主に民間の上場企業だといわれた。ただし、日本銀行を実質的に管理しているのは45%の民間企業のほうだ。

具体的な株主は表向き非公開だが、筆者の独自調査では、大本をたどれば、すべて外国勢だった。

同様にアメリカのFRBもEUのECBも超エリートである王族、貴族といった個人の持ち物で、その大部分がハザールマフィアのメンバーだった。彼らの金融支配が脅かされないよう大量殺人計画が実行されているのだ。

これが教科書に出てこない本当の世界経済の歴史だ。

日本は戦後、高度経済成長を遂げた。そのときは「一億総中流」といわれ、世界で最も経済格差の少ない国として、ひとりあたり名目GDPもぐんぐん伸びていた。

しかし、そのシステムはあっけなく壊された。1985年、一般的には航空事故といわれているJAL123便の墜落だが、じつはアメリカ機に撃墜された。それが一億総中流システム破壊のゴーサインだった。

あまりにも成長を遂げた日本を脅威に感じ、日本が世界を支配するのではないかと恐れたハザールマフィアにより、アメリカ副大統領になったジョージ・ハーバート・ウォーカー・ブッシュ（パパ・ブッシュ）を通じて一億総中流システムが破壊されたわけだ。

それを真似《まね》し、改良を加えたシンガポールが高度経済成長し、経済力は断トツで日本より上に行った。中国も同様だ。その仕組みに日本が戻れるかどうかが、今後の日本経済の大きなポイントだ。

日本の高度経済成長を模倣した中国とシンガポール

日本は高度経済成長期、まだ経済企画庁（現・内閣府）が中央省庁にあった官僚中心の時代はよかった。

戦後の日本は、外交に関してはアメリカの言いなりだったが、内政は自由にできていた。

経済企画庁という役所では戦争経済の民間バージョンをつくってきた。たとえば、「日本の全住宅に下水道をつける」と5カ年計画を決めて実行してきた。

一方で、日本銀行は当時、全国の売店に行って値段を調べたり、中小企業に行って設備投資のニーズを調べたり、すべて計算したうえで貨幣の発行量を決めていた。それが5カ年計画の基礎となり、実際の仕事は競争入札を経て民間が行う仕組みにした。それが戦後の高度経済成長を実現できた秘訣《ひけつ》だ。

こうして、先進国で最も経済格差のない「一億総中流」の豊かな国になった。

しかし、パパ・ブッシュがアメリカ副大統領として外交担当になってから、JAL123便の撃墜がゴーサインとなり、その仕組みが壊された。それがバブル崩壊につながり、「失われた30年」に突入した。そして、優秀な官僚ではなく、外資系ハゲタカファンドが日本企業の実権を握っていった。それが日本の悲劇だった。

そのかたわらで、中国とシンガポールが、日本の当時のひな形を真似して経済発展した。

戦後、シンガポールは世界最貧国のひとつだった。家はわらぶきで、家畜と一緒に住んでいた。しかし、高度成長で、いまや世界3位のお金持ち国家になった。ルクセンブルクという超大富豪の脱税国家、カタールなど資源が多い国に次ぐ裕福さだ。汗水垂らしてものづくりしたからこそ、そうなれた。

その理由は日本の高度成長モデルを真似しつつ改良してきたからだ。

日本の官僚制度の弱点は「天下り」「肩たたき」だ。官僚になると、給料は安いが、権限だけはある。そして、ある年齢で昇進しないかぎり肩たたきに遭い、定年前で退職に追い込まれる。

すると、若くして引退する官僚が「天下り」先を確保するため、自分たちが中立的に見ていたはずの企業に裏で融通するようになった。要は賄賂の後払い制度として天下りが誕生してしまったのだ。それで多くの問題を引き起こしてきた。

シンガポールは、そんな日本の姿を見て、まず天下りを避けた。官僚の給料を民間並みに高くし、肩たたきをなくして定年まで働けるようにした。そうやって、日本の仕組みを工夫《くふう》した。

中国でも鄧小平《とうしょうへい》が来日して松下《まつした》電器（現・パナソニック）などを訪れたり、シンガポールを真似たりして、かつての日本の仕組みを取り入れた。

ちなみに、欧米新体制派がロビーしているのが世界の新しい「国際経済企画庁」をつくることだ。わかりやすくいえば、人類共通の問題に取り組むための世界銀行などに代わる新しい役所だ。

ローマ教皇もこの呼びかけに賛同している。その証拠に、ローマ教皇が全世界の枢機卿に宛てた「回勅《かいちょく》」（Encyclical）でそのことが示唆されている。

欧米はこれまで傲慢に振る舞い、われわれの方法こそが正しいと、無理難題を押しつけてきた。

だからこそ、日本が異質で間違っているものだとして、独自のシステムが壊されてきた。

そんななか、逆にアジアが欧米から学ぶべきものを学んでしまった。欧米の優れたところをアジアが生かしているから、今度は欧米がアジアから学ばないといけない順番にもかかわらず、欧米はまだプライドが高いのか抵抗を感じており、それがろくにできていない。

資本主義、原理主義、多国籍企業こそが正義と考えるハザールマフィア。そして、アジアの優れたところを参考にして仕組みをつくろうとしているアジア結社やローマ教皇。この二つの勢力がせめぎ合っている。

KKRの7億円「日本買収計画」

新型コロナウイルスによって起こったことは、脚本的にはソ連革命と同じに見える。

簡単にいえば、中小企業がすべてつぶされているのだ。

日本の場合、個人経営である飲食店やエステ店などが大打撃を受けた。逆にいえば、中小企業がつぶされて大手企業だけが肥やされた。

これは要するに社会の中央管理の強化だ。

キャッシュレス化によるデジタル通貨とワクチン注射に連動する一環として個人経営をつぶし、政府支給に依存させ、自分たちが所有する超大型企業をより肥やし、社会の中央管理強化のためにインチキ・パンデミックをしかける。それがハザールマフィアたちの計画だった。

そんななか、2020年9月、アメリカ大手投資ファンドのKKR（コールバーグ・クラビス・ロバーツ）が日本企業の買収などに年間最大7000億円規模を投資する方針だと時事通信が伝えた。

この記事によれば、KKRは「新型コロナウイルス感染拡大とデジタル技術による日本社会の変革を背景に、製造業やサービス業の再編が加速すると予測。中堅、大企業の買収や次世代サービス企業の支援に注力する」という。

じつはブラックロックやステート・ストリートなどの外資系ハゲタカファンド同様、KKRもハザールマフィアに属する典型的な企業だ。

そんな彼らも、いま、欧米新体制派から反撃を受け、上層部からどんどん抹殺されている。

ブッシュ一族は処刑され、デイヴィッド・ロックフェラーも死に、ベネディクト教皇も生前退位という名目で処刑された。王族、貴族も軒並み殺されている。トップダウンでその座を引きずり下ろされているのだ。

現在、能力主義で構成されているアメリカ軍にはローマの世襲制支配に反対するグノーシス派イルミナティのメンバーが多い。彼らは約700人の超エリートを「軍事的、物理的に殺すほうが簡単だ」と判断し、それを実行している。

かつて同様の方法を試みられたことがあったが、金銭面から頓挫した。軍人の収入は毎月の給料振り込みに依存しているため、そこをハザールマフィアに止められると生活できなくなる。だから、金融システムそのものを変えることで、そのお金の根源を先に乗っ取ったのだ。

金融システムの変革が起きたことで、約700人の超エリートを殺してもお金が止まることがなくなり、軍人たちは生活に困らなくなった。それが現在の超エリートの抹殺につながっている。

小泉進次郎にも魔の手が伸びる「麻薬マネー」

資金源ということでいえば、パナマ文書などに見られたタックスヘイブンもそのひとつだ。ここはナチス派グループの資金源だった。

ほかにも、ハザールマフィアの資金源としては、麻薬マネーが大きい。たとえば、世界のヘロインの生産はほとんどアフガニスタンで、覚醒剤は北朝鮮、コカインは南米だ。

日本では小泉進次郎《しんじろう》が自分の取り巻きのメンバーを固めたとき、ジェームズ・サスーンという人物から献金を受けたとされる。サスーンとはアヘンで大儲けした財閥の御曹司であり、イギリス上院のメンバー。そんな彼から小泉とそのメンバーが数千万円ずつ現金で賄賂をもらったといわれている。そこでアヘンマネーが日本の政界にはびこっていることがわかった。

筆者はサスーン本人にそのことを尋ねたが、否定も肯定もしなかった。

この麻薬マネーは非常に大きい。国連の麻薬データを見ると、末端価格ベースで1兆ドルほど動いており、超大手銀行がそれを管理している。

ほかにも、欧米権力の資金はさまざまなかたちで世界に供給されている。

中国全土で反日デモが起こったときはユダヤ系のコーエンというフランスの財閥がお金を出していた。ちなみに、コーエン家はロスチャイルド家と姻戚関係にある。これもコーエン本人に質問をぶつけたが、同様に否定も肯定もしなかった。しかし、その後はなぜかデモがピタッと止まった。

アルカイダ、IS、アンティファ、ブラック・ライヴズ・マターなどのお金の出どころを調べると、だいたいスイスのロスチャイルド家のアジトに行きつく。

こうしてハザールマフィアのメンバーは問題分子に資金を出してデモ行進をさせたり、さまざまな革命を起こしたり、インチキ世論調査をしたりして、自分たちの帝王学を広めながら社会を動かしてきた。慰安婦問題や領土問題などを持ち出し、中国や韓国の反日感情を煽っているのもこの連中だ。

日中韓の対立を煽る欧米旧権力

ところで、筆者が初めて中国の国家スパイと話したときに驚いたのは、「北朝鮮はアメリカの植民地だ」という認識が中国側にあったことだ。その後、アメリカの在中国大使からも「北朝鮮が存在しなかったら、むしろわざわざつくる必要があった」と話された。

かつてブッシュ一族が北朝鮮に「テポドン」というミサイルを売った。その理由は冷戦時代に対旧ソ連で磨いたミサイル迎撃技術がアメリカにあったからだ。

まず、北朝鮮に「お金をあげるから、テポドンを日本の上空に飛ばしてくれ」と頼んで実行させる。すると、日本のマスコミが「北朝鮮が攻撃してくる。大変だ」と大騒ぎする。そこで、すかさずアメリカが「パトリオットミサイル」（広域防空用地対空ミサイルシステム）を日本に高値で売りつけた。

つまり、北朝鮮はアメリカによる日本への武器販売の営業ツールとして使われていたわけだ。

話は少し変わるが、第2次世界大戦で多くの日本兵が死んだ。しかし、なかには生き残った兵隊もいた。なぜ、生き残れたのかを聞くと、「私たちは関係ない。韓国人だから」と言っていたという。

じつは旧日本軍のなかに約28万人の朝鮮系兵士がいた。戦後、反共産主義の構図になったとき、アメリカによる日本支配の下請けをしたのが、彼らのような旧日本軍で教育された朝鮮兵、朝鮮工作員だったのだ。この話は日本でも韓国でもあまり知られていない。

日本でも支配者層に朝鮮系がたくさんいることは知られており、そうした隠れた支配構造が綿々と続いてきた。彼らは朝鮮と日本の融合を狙って韓流ブームを起こしたり、韓国のドラマを日本のテレビに流したり、K－POPを流行《はや》らせたりした。

逆に、ハザールマフィアなどの外国勢としては日韓が仲よくなると困るため、過去の慰安婦問題や領土問題を引っ張り出してきた。昔の傷口のかさぶたを無理やりはがすような方法で、日韓が対立する状況をつくりだしてきたのだ。

この二つの勢力の思惑で、日本は動かされている。

現在のアメリカ軍は日本と朝鮮を統一し、反中勢力として使いたいという考えを持っている。

一方で、昔ながらの帝王学では日本と朝鮮は分断、対立させておいたほうが管理しやすいとされているから、日本と朝鮮が団結してハザールマフィアたちに矛先が向かないようコントロールされている。

実際に朝鮮半島統一に向けて準備が進行中で、国境から地雷が除去されたりしている。しかし、それでは困る人たちもいるというわけだ。

そこで、２０１９年６月、トランプが板門店《パンムンジョム》に行き、北朝鮮の金正恩朝鮮労働党委員長（現・総書記）と会談した。これは記憶に新しいだろう。その際に金正恩が５Ｇのような電磁波攻撃を受け、数カ月後にその後遺症で亡くなってしまった（第５章で後述）。

そして一時期、金正恩は表舞台から消え、できの悪い影武者が登場したり、実際の文配権は妹の金与正《キムヨジョン》が握っていると報じられたりもした。

その裏には朝鮮統一に反対するグループの思惑が働いているわけだ。

欧米の傲慢さが招いたチャイナマネーの世界支配

中国は「世界の工場」として、ものづくりで稼いだチャイナマネーを使い、「一帯一路」を着々と進めている。

一帯一路とは中国からユーラシア大陸を経由して欧州につながる陸路の「シルクロード経済ベルト」（一帯）、中国沿岸部から東南アジア、南アジア、アラビア半島、アフリカ東岸を結ぶ海路の「21世紀海上シルクロード」（一路）の二つの地域を結ぶもの。インフラ整備、貿易などを促進する計画だ。

それが進められる背景には欧米の傲慢さがある。

かつてアフリカのコンゴ政府が欧米の大富豪のところに営業に行き、「銅の鉱山がこれだけある。それをあげるから、国のなかに鉄道や道路、病院をつくってほしい」

と依頼したが、その案が一蹴されたことがある。

そこで、コンゴ政府が中国に頼みに行くと、「いいよ」と即答だった。それで、中国が西ヨーロッパと同じくらいの国土があるコンゴで鉄道や道路、病院、学校などインフラ事業をたくさん手がけた。

当然、ほかのアフリカの国も中国と仲よくしようと考えるから、お互いに資源とお金を出し合うようになる。中国はこれと同じようなことを世界各国でしてきた。

あるアフリカ人に取材してみると、「欧米人がアフリカに来ると、武器を持ってくるんだ。でも、中国人はお金を持って商売しにくる」と話していた。

「アフリカが貧しいのは、黒人が劣等人種だから」などと考えている人もいるかもしれない。しかし、実際にはアフリカが貧しい原因は欧米権力に資源が無償で持っていかれているからだ。

結局、鉱山資源などは、すべて欧米の多国籍企業が持ち出していた。そして、一部の大統領にだけ賄賂を払い、そのお金がスイスの銀行で管理されていた。だから、一般のアフリカ人にはお金や商品が行かない構図だったのだ。

その構図を打ち砕こうとしているのが中国だからこそ、アフリカ諸国は一帯一路に協力しているのだ。「中国の一帯一路はおかしい。これは中国が欧米に対して借金外交を行い、自分だけが強くなろうとしている企みだ」と主張する欧米人もいるが、筆者にいわせれば、それは欧米の傲慢さが招いた自業自得なのだ。

中国の「一帯一路」を支えるヨーロッパの反米勢力

もうひとつ、「アジアインフラ投資銀行」（ＡＩＩＢ）という中国発の銀行について話しておこう。

ＡＩＩＢが２０１５年に発足すると、イギリス、イタリア、ドイツ、フランス、スイスなどはすぐ参加した。入らなかったのは日本とアメリカくらいだ。そこで世界の分断が垣間見える。

日本とアメリカを管理しているハザールマフィアたちは中国を脅威に感じ、中国を仮想敵国にしようとしている。しかし、国際協定をすべて無視して放置しているのはアメリカのほうだ。そこで欧州との軋轢《あつれき》が生じている。

欧州人は中国人の家畜にはなりたくない。しかし、仮想敵国に依存するアメリカの従来の手口も困る。

これは冷戦時代を考えるとわかりやすい。共産主義対資本主義という構図があり、ソ連という仮想敵国がいたからこそ、アメリカも経済的に強くなれた。しかし、ソ連が崩壊すると、武器が売れなくなったから、今度はテロリストという得体の知れない仮想敵を生み出した。

しかし、それも虚構の存在だと世界にバレてしまった。アルカイダ、ＩＳなどの元締めはアリゾナ州を本部にした傭兵会社だ。ブラック・ライヴズ・マターも筋は同じで、スイスのロスチャイルドのアジトから給料が振り込まれている。

スイスの学者が分析した約７００人の超エリートたちが、傭兵を使ってテロ集団をつくり、世界各国でやりたい放題、悪さをしてきた。

たとえば、アフリカ人のなかには、「石油なんて自分の国で見つからないほうがいい」という意見がある。石油が見つかると、必ずアメリカから軍隊が派遣されるからだ。とはいえ、あからさまに石油を横取りしても、国際世論からは支持されない。

そこで、傭兵会社に下請けさせ、まずテロリスト集団をつくるのだ。そこから現地の犯罪者などを雇ってテロを実行していく。それで、「イスラム過激派がいて大変だろう」という屁理屈でアメリカ軍を派遣する。そうやって石油をかすめ取っていくという策謀だ。

そんなことをずっと繰り返してきた連中に対し、中国は「石油を買うから、代わりにあなたたちに、おもちゃ、洋服、鉄道にいたるまで、安く商品を売ります」というかたちで他国と交渉し、持ちつ持たれつの状況をつくってきた。

それだとハザールマフィアが困るから「中国は敵だ」とプロパガンダしているのだ。

「21世紀のバビロン崩壊」といえる世界経済の分断

じつは中国は国連本部をニューヨークからアジアに移転させようと目論んでいる。

それに対し、中国を悪者にするためにハザールマフィアがあらゆる裏工作をしかけている。中国対台湾の戦争などがそれだ。

ほかにも、中国の南シナ海への進出を問題視するのもその一環。仮想敵が生きがいだった軍産複合体が、いまだにそんな方法で権力を維持しようとしている。

ところが、欧州でも、インドでも、そのほかの国でも、「仮想敵もおかしいし、武力で戦うという発想も間違っている」と考える国々が増えてきた。だから、アメリカと中国の戦いにみんな乗らないわけだ。

日本も中国とは貿易や人的交流の面でかかわりが大きい。だから、本当は欧州やインドのように振る舞いたいのだが、結局はアメリカの命令を聞かざるをえない状況に変わりはない。

ただ、それもイギリスを中心とした欧米新体制派によって変わろうとしている。

いままで隠れて悪質なことをしてきた王族の権威、その王族の所有物である国連とその下にぶら下がる賄賂漬けの指導者の管理そのものが脅かされているのだ。

アメリカ大統領選もその一環で、たんなる選挙ではなく、世界の覇権の構図を変革させるものだと認識しておこう。

別の言い方をすれば、世界で起こっている分断の構図は「バビロン崩壊」の前兆なのだ。

バビロンとは紀元前18世紀から同6世紀の古代メソポタミア地域にあった王国だ。たとえば、ドル札などで頂上部に目がついているピラミッドを見たことがあるだろう。これはバビロンで生まれた一神教の司令部を示しており、実際にバビロンとその家族群は神さまのように振る舞ってきた。その帝王学をハザールマフィアが受け継ぎ、世界に広めてきたが、それが世間にバレてきた。世界を牛耳っていた人たちが権力を失う寸前に来ている。

環境問題から「世界連邦樹立」を目論む新体制派

もちろん、中国にもさまざまな問題がある。中国内の過激派は「自分たちが世界を支配すべきだ」と考え、対する穏健派は「多極世界をつくろう」と考えている。その二つの派閥がせめぎ合っている。

また、中国はかなり大胆な軍事行動を検討している模様だ。中国の軍関係筋は、「われわれはベトナムを除くＡＳＥＡＮと台湾、朝鮮半島を数カ月あれば制覇できる」と豪語している。

さらに、メキシコ国内に中国軍が駐留、配備されているとの情報がペンタゴン筋から寄せられた。メキシコは中国軍を国内に受け入れた見返りとして「アメリカ・メキシコ戦争」（１８４６〜１８４８年）で失った土地、具体的にはカリフォルニア州、ネバダ州、ユタ州、アリゾナ州、テキサス州、コロラド州、ニューメキシコ州、ワイオミング州の返還が中国によって約束されているのだという。

さらに、ペンタゴン筋によると、カナダも中国に協力する見返りとしてワシントン州やオレゴン州、ほかにアメリカ東北部９州を分割して付与されることが中国によって約束されているという。そのため、すでにカナダにも中国軍が配備されているとの情報が複数の筋から寄せられた。カナダは冬が厳しい。だから、冬の戦いが得意だ。カナダ政府は冬特有の戦術を教えるために中国軍を呼んだが、カナダ軍はそれを拒否していたという。

この情報についてカナダ在住の知人に尋ねたものの、いまのところ確証は得られていない。しかし、かつてアメリカと対立したキューバのカストロ議長の〝落胤《らくいん》〟とされるトルドー首相のことだから、実際にありえなくはない話だ。

いずれにせよ、こうして中国勢が画策する「アメリカ解体」の計画に対抗するために、アメリカを「北アメリカ合衆国」（United States of North America）としてカナダと合体させ、再起動する案が検討されている。

欧米の騎士団などはソ連のようにアメリカを複数の国に分解するのは得策ではないと考えているという。ただし、彼らは「北アメリカ合衆国」を誕生させ、アメリカ解体を回避するためには「ハワイを再び独立王国に戻すこと」を第一条件に挙げている。また、現在、アメリカ軍も核兵器を凌駕《りょうが》する破壊力を持った宇宙兵器技術の存在をちらつかせて中国のハイリスクな動きを封じようと活発に警告を発しているという。

そんなせめぎ合いのなかで中国の一帯一路が実現可能になったのは、イギリス王室のOKサインが出たという裏事情がある。中国以外に動いているのはフランシスコ教皇と15億人のローマ教信者、23億人の支持者を抱えるイギリス王室で、彼らが中国の穏健派とゆるやかな世界の連邦体制を誕生させようとしている。

この勢力がパリ協定などを進めているのだが、実際にローマ教やイギリス王室の公の発言を見ると、欧米版の一帯一路も並行して実行しようとしているのがうかがえる。

欧米の穏健派は世界で種の絶滅が危機的状況を迎えていることを危惧している。将来的にはチキンなど一部の家畜以外の動物が生きられない環境になると予測している。

それでは困るから、欧米の穏健派が発展途上国にお金を与えて森林を守り、生物の生活場所をつくり、環境を破壊しない経済システムをつくろうとしている。

二酸化炭素排出量に目をつけたのは、そういう意味でわかりやすいからだ。森林を増やせば森林が吸収する以上の二酸化炭素をつくらないという話をプッシュしている。

また、砂漠の緑化キャンペーンも展開している。地図上では北半球のほうが大きく見えるが、じつはサハラ砂漠の面積は中国やアメリカより大きい。そこを緑化する技術があり、緑化プロジェクトを通じて自然保護区と10億人くらいが新しく住める場所を確保しようとしている。こうした自然保護バージョンの一帯一路をイギリス中心にプッシュしている。

これに反対しているのはバビロンを受け継いだ一神教の狂信的連中だ。たとえば、そのメンバーであるアメリカのレーガン政権にいた環境担当大臣がかつて国立公園での鉱物の発掘や木の伐採を許したことがある。

その理由について聞くと、「どうせ世紀末が来るからいいじゃないか」と言い放っていた。そういう連中はそういう発想なのだ。

トランプも国連で「われわれの環境問題は大丈夫。あとは各自でやればいい」と演説した。自国のことしかしないと国際の場で明言したわけだ。要は世界共通の大気、海、砂漠、種の絶滅といった環境問題に対し、みんなでまとまって行動することに反対している。

洗脳でイスラエルに集められたユダヤ人

中東も激しく動いている。サウジアラビアとエジプトを中心としたアラブ民族グループ、イランを中心としたペルシャ民族グループのいわゆるシーア派、そしてトルコ民族。この3大派閥が覇権を争っている。

なかでも、第3章で触れたとおり、トルコがオスマン帝国を復活しようとしているのが最もインパクトがある。

最近のトルコの論調を見ていると、超右翼的だ。日本でいえば、新聞紙上で「大日本帝国を復活しよう」と書かれるようなことが、トルコのマスコミでは毎日のように平然と行われている。

実際にトルコは軍隊をアゼルバイジャン、リビアなど各地に派遣している。その先にある狙いはサウジアラビアやエジプトの乗っ取りだ。

一方でイランは地中海までを自分たちの領土にし、かつてのペルシャ帝国の復活を狙っている。

また、イスラエルではユダヤ人が目覚め始めている。

最近のユダヤ人の動きは次のようなたとえ話をするとわかりやすい。

中国のある地域がハザールマフィアに乗っ取られ、「あなたたちは本物の大和《やまと》民族だ。もともと日本から来て、日本の教育、しきたりなどを学び、自分たちの日本にいつか戻るのだ」と100年単位で洗脳される。そこで、中国人に「自分たちは本当に大和民族だ」と信じ込ませる。

それで超お金持ちになった中国人が日本の都市で不動産を買い占め、たくさんの中国人を補助金つきで日本に送り込む。なかには「日本に行きたくない」という中国人も出てくるだろうから、そこで恐ろしい独裁者を登場させて「日本に行かないと殺すぞ」と脅すのだ。それで、逆らう人間を殺し始める。

一方で、他国に賄賂を渡し、中国人を日本以外に移住させないよう根回しする。そうやって、日本しか行き場がないようにしていく。そこで、洗脳された中国人が日本に移住することになるが、従来の日本人たちの家に放火して家から追い払って、「自分たちが本当の大和民族だ」と主張し始める。

以上のたとえが、いまのイスラエルで起こっている現実だ。

中央アジアの馬賊のカザフ民族、アシュケナージ系ユダヤ人が、「自分たちはイスラエルから来た。いつかイスラエルに戻るんだ」と洗脳された。それでもイスラエルに行きたくないというユダヤ人が出てきたから、ヒトラーという恐怖の独裁者を生み出し、徹底的にユダヤ人をいじめて世界の国々から追い出し、イスラエルに行くように仕向けた。歴史的に見ても、100カ国以上からユダヤ人が追い出されたことがわかっている。

そのことにユダヤ人たちが最近気づき、イスラエルのベンヤミン・ネタニヤフ首相に対して連日激しいデモを起こしていたのだ。

このように、ユダヤ社会でも大きな分断が起こっている。

もうひとつ、ユダヤ人が気づいたことがある。ごく一部のユダヤ人を名乗る人間のなかにカルト信者がひそんでおり、彼らが子どもを殺していけにえにしているということだ。

この問題を調べると、古代のフェニキア人の国家カルタゴの時代までさかのぼる。当時のギリシャ人やローマ人の歴史学者が、ユダヤ人が「カルタゴには子どもをいけにえにする習慣がある」と書いているのだ。旧約聖書にも人をいけにえにする部族の話が出てくる。

このあたりの背景は『BOOK OF RUTH』というアメリカの映画を見れば、聖書を読むより理解しやすい。

実際、ユダヤ人の一部に子どもをいけにえにしているグループがいる。

彼らは欧州の諸都市内でユダヤ人が強制的に住まわされた居住地区「ゲットー」に住んでいたような人たちだ。住民は無神論者からユダヤ教徒までごちゃ混ぜだが、彼らのすべてがキリスト教徒ではなく、一部がユダヤ教徒のふりをしたカルトで、悪魔（サタン、モレク、バアルなど）を崇拝する連中だ。大半のユダヤ人は良心的なのだが、ごく一部のカルトの連中がややこしい問題を引き起こしてきた。

FBIの統計ではアメリカで年間4・2万人もの子どもが行方不明になっているが、この連中にいけにえにされているのではないかと疑われている節《ふし》があった。それが、いま、表面化し始めていて大混乱に陥っている。「悪魔崇拝カルトに騙された」とまで訴える人が出てくるような異常事態が起きている。

「RCEP（東アジア地域包括的経済連携）署名」の真相

こうしたなか、2020年11月ごろ、新たな動きがアジアと中東で出てきた。世界の旧体制が生き残りをかけて新型コロナウイルスワクチンの大量接種キャンペーンの準備を進めている。

しかし、MI6筋やCIA筋などによると、インチキ・パンデミック騒動に加担し、ワクチンの強制接種を推進している政治家や製薬会社の幹部らは、これから順々に粛清されていく。もちろん、日本も例外ではないという。

同筋らは、「いま、推進されているワクチンのいくつかは、ヒトゲノムそのものを変化させる代物であるため、それらワクチンの接種を推し進めようとしている人たちを抹殺することは正当防衛であり、合法である」と話している。また、ワクチンでなくても、インチキ・パンデミック騒動に加担した政治家は、いずれ刑務所に送られる予定だという。

もし、可能であるなら、日本の医療現場に足を運び、「新型コロナウイルスの脅威などない」ということを直接、自分の目と耳で確認してほしい。

さらに、2020年11月中旬、アジアの王族や大富豪で構成されているドラゴン・ファミリーの使者からも旧体制勢に関する衝撃的な情報が寄せられた。

その人物によると、アメリカ・ワシントンD.C.（株式会社アメリカ）の延命資金を得るため、ハザールマフィアらが日本、ニュージーランド、オーストラリア、朝鮮半島、ASEAN10カ国といった彼らの縄張りの一部を「実質支配権とともに譲渡する」と中国勢にオファーしているという。

それこそが同年11月15日に発表された中国、日本を含む計15カ国の「RCEP（東アジア地域包括的経済連携）署名」の真相なのだという。

ほかにも、別のアジア結社筋から「バイデンを大統領に就任させて、彼を殺害、もしくは認知症で引退させたあと、カマラ・ハリス副大統領を中国の傀儡大統領として差し出す」というオファーをハザールマフィアが中国勢にしているとの情報も寄せられた。

そうした情勢を背景に、「アメリカ軍の特殊作戦部隊がアメリカ国内で活動を開始した」と複数の筋が伝えた。ワシントンD.C.で活動するジャーナリストの友人らによると、実際にワシントンD.C.では軍事輸送機が頻繁に目撃されていたのだという。また、アメリカのミリシア（民兵）ネットワークも本格的な内戦に向けて全米各地で武装を始めた。

さらに、大手メディアが「不正選挙とバイデン敗北」という事実の隠蔽に加担し、SNSなどの検閲を強化したため、欧米では、新たな情報発信の体制が構築されつつある。

たとえば、ユーチューブの検閲を回避するために「BitChute（ビットシュート）」という新しい動画共有サイトの媒体が広く利用され始めた。

また、ロシアでも2020年4月以降に国営を含むロシアのメディア（RT、ロシアの今日、クリミア24など）のアカウントがユーチューブやフェイスブック、ツイッターなどにより検閲されていることから、それら媒体を国内から追放する法案がロシア議会で検討された。

アメリカ撤退後の中東を牛耳るロシアとトルコ

アメリカ以外のニュースを見ると、2020年11月中旬、ハザールマフィアの出先機関である世界経済フォーラム（ダボス会議）が次のように「世界経済および社会システムの再起動」をしきりに呼びかけている。

We must build entirely new foundations for our economic and social systems.

われわれは経済および社会的システムのためのまったく新しい基盤を構築しなければならない。（クラウス・シュワブ教授「グレート・リセットの時」）

彼らはインチキ・パンデミック騒動を機に地球や人類にやさしい新しい制度を構築するという。しかし、彼らの主張をよくよく見ると、ワクチン接種や一般大衆の完全監視化を含む〝ハイテク絶対主義ファシズム〟を世界人類に押しつけたいだけだ。

もちろん、各国の軍や諜報当局はこの連中の計画をなんとしてでも食い止めるつもりだ。たとえば、MI6筋によると、イギリスは2020年11月ごろ、ハザールマフィアと対峙《たいじ》するために軍事予算を大幅に拡大したのだという。

みんながアメリカ国内の情勢に気を取られているあいだに、中東でも大きな地殻変動が起きた。原油価格の暴落と新エネルギー時代の到来により、世界最大級の債権国だったはずの中東の産油国がそろって借金まみれに陥った。

FSB筋によると、ロシアとトルコはアメリカ軍が撤退したあとの中東の今後について大筋で合意に達しているという。その合意とは、おおむね「トルコが中東全体の政治的な主導権を握り、その代わりにロシアは軍を派遣して現地の石油企業の用心棒を請け負う」というもの。同筋によると、ロシアは中東の地域に政治介入するつもりはないという。

こうした世界（とくに欧米と中東）の激変は今後ますます加速していく。そして、そのあとには必ず日本の政財界にも大きな嵐が吹き荒れる。

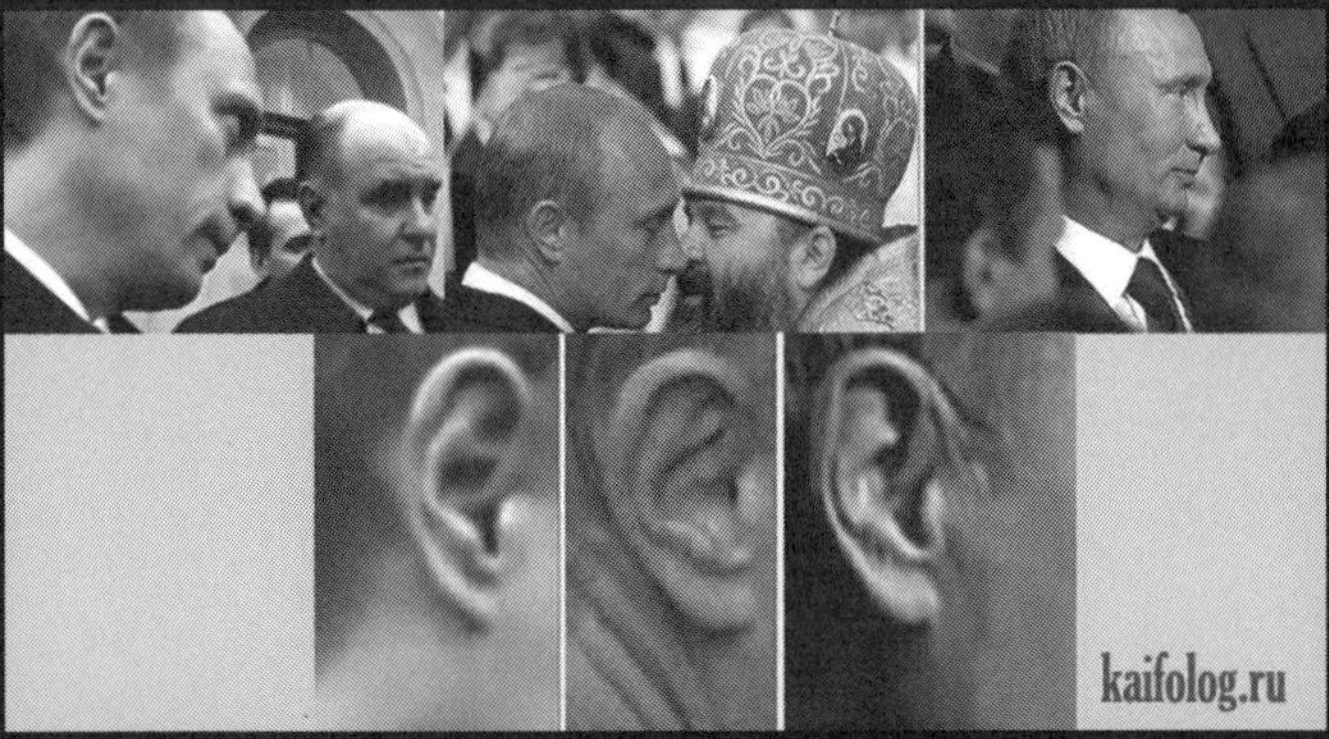

第5章 仕組まれた「ポスト・コロナ」世界の分断

ネット上に出回っているロシアのウラジーミル・プーチン大統領の影武者を検証する写真。耳と額の高さ、口とあごとのギャップなど、整形手術できない箇所を比較して識別すると、影武者が6人ほどいることがわかっている。

ドナルド・トランプの「FRB国有化計画」

一神教の勢力圏では新型コロナウイルスの心理戦、情報戦がますますエスカレートしている。

そのなかで、いまある欧米金融システムの崩壊は確実となった。その影響でアメリカは1776年に採択された「独立宣言」以来の大革命に突入しようとしている。

なかでも顕著なのはトランプの「FRB国有化」に向けた動きだった。

それにともない、FRBは「個人や中小企業に大量の貨幣を直接ばらまく」という中央銀行として未開拓の領域に入った。

イギリスや日本などでも同じような試みが検討されたが、要はアメリカの経済学者ミルトン・フリードマンが提唱した「ヘリコプター・マネー」である。それが大国アメリカの金融政策として実行されようとしていた。

たとえば、2020年4月ごろ、SBA（アメリカ中小企業庁）のサイトでは、「従業員500人以下の企業（個人事業主、独立請負業者、自営業者を含む）は、いずれも格別にゆるい条件で融資を受けることができる」と約束していた。

ただ、初めての試みだったため、FRBも手探りの感は否めなかった。

というのも、そのSBAのガイダンスに反して、申請窓口となるバンク・オブ・アメリカやJPモルガンなど個別の銀行の対応は同年2月15日の時点で「ローン契約を交わしていること」「当座預金口座を持っていること」など、いまさらどうにもならないような制限を設けていたからだ。要は特定の企業（クライアント、とくにその銀行に借金をしている企業）しか審査が受けられないようになっていたのだ。

戦争なしで世界秩序を変える「インフォデミック」

そうしたパンデミック騒動にともなう金融政策の真の狙いを見ていく前に、まずは「いまのパンデミック騒動がインチキである」という証拠の山の一部から紹介していこう。

2020年3月ごろ、リアルなアメリカの現状を知るために、ニューヨークとロサンゼルスに住むジャーナリストの友人ふたりに、その地域で最大級の病院を二つずつ回って様子を見てきてもらった。

すると、後日、彼らから「病院で新型コロナウイルス患者はひとりも見かけなかった」との報告が届いた。

実際、現地に足を運んで報道している独立系マスコミも、そろって同じことを暴露していた。たとえば、「Project Veritas」や「InfoWars」などは、そうした証言および現地の病院内外の動画を多数掲載していた。

また、「CDCが配っていた新型コロナウイルスの検査キットが、水とコロナウイルスの識別すらできない代物であったことが発覚した」とのニュースもあったが、やはり検査内容とその結果について疑問を投げかける記事や証言が続々と発信され始めていた。

さらに、アメリカ・オハイオ州東部で医療用酸素の製造、搬入を行う業者の話として、次のとおり「医療用酸素の需要がまったく増加していない」との証言も出ていた。

Interesting fact is that in the western PA(Pitt), Eastern OH region, there is NO increase in medical oxygen demand. My husband works in this industry directly manufacturing and loading trucks with medical oxygen, I just spoke with him.

興味深い事実は、ペンシルベニア州西部（ピット）、オハイオ州東部地域では医療用酸素需要の増加がないことだ。私の夫はこの業界で直接医療用酸素をトラックに製造して積み込んでおり、私はちょうど彼と話した。

（http://82.221.129.208/.vo9.html）

日本においても、「新型コロナウイルスの検査で陽性反応が出た人たちは、みんなハゲタカファンドの子会社が用意した検査キットで検査している」との証言が病院関係者から寄せられていた。

病院の検査では陰性でも、そのハゲタカ子会社の検査キットを使うと陽性反応が出るのだという。

しかし、プロパガンダ・マスコミが朝から晩までパンデミック報道一色になっていたなか、たとえ無症状であっても陽性の検査結果を疑う人はいなかった。政府はそのような人々を軽症者として病院ではなくホテルに隔離していた。

そんな情報が飛び交うなか、2020年3月末、アメリカのヘンリー・キッシンジャー元国務長官が「治療薬がなく、医療物資も不足、まさに医療崩壊が起きている」などと発言した。しかし、そうやって危機的状況だと煽る一方で、「パンデミック騒動後の国際秩序の構築が急務だ」とも発言していた。

そうした状況について、ベラルーシのルカシェンコ大統領は戦争をすることなく世界秩序を変えるための「インフォデミック」（infodemic＝情報の世界的大流行）であると造語を用いてテレビ局のインタビューに答えた。

また、そのなかで、彼は「新型コロナウイルスの経済的影響と戦うため、国連は世界GDPの10％相当のお金を無条件につくりだすことを提案している」とも述べた。

つまり、キッシンジャーを含む旧体制の欧米エリートたちが、「ワシントンD.C.

（株式会社アメリカ）の倒産を避けるために、世界GDPの10％をなんとか手に入れようとパニックを煽っている」というのが、インチキ・パンデミック騒動の大本だったのだ。

しかし、この騒動が勃発する前の2019年末時点で、アメリカ企業の6分の1がすでに利益だけではローンの利子も払えないようなゾンビ企業になり下がっていた。また、上場企業の約4割が2019年末の時点で赤字を計上していた。

それなのに、アメリカは株価だけが最高水準を記録している状態だったのだ。

この状況に40年間にわたって蓄積されたアメリカの対外赤字と財政赤字を合わせると、どう考えても、アメリカはすでに破綻している。

CGを駆使した旧体制勢の印象操作

さらに、いま、欧米諸国、とくにアメリカとイギリスではゴールドの受け渡しを要請しても現物が手に入らない（ゴールドという現物がない）状態に陥っている。

つまり、バーチャルなお金ではなく、価値のある現物での支払いを求める債権国に対して、欧米諸国には支払うゴールドがないということだ。しかも、原油価格の暴落により、石油での支払いも間に合わない。

アメリカでは2020年3月後半のたった2週間たらずで、新たに1000万人が職を失った。

また、その時点で、多くのアナリストらが「アメリカのGDPは5割ほど減少する見込みである」と試算していた。

この状況は大不況を超えて社会秩序崩壊のレベルだ。欧米支配階級の悪質なエリートらが電信柱に吊《つる》されるのも時間の問題だろう。

すでにイギリスでは革命の兆候として5Gの基地局（鉄塔）が燃やされ、携帯会社の技術者たちも攻撃を受け始めた。

新型コロナウイルス騒動のさなかに大勢の人々が死亡したのは5Gの電磁波が人体の免疫システムに大きく影響を与えたからということに多くの人々が気づいたからだ。

情報筋によると、武漢で展開された5G基地局が中国政府の打ち上げた衛星とつながったとき、武漢は大きな電磁波攻撃を受けたという。

おそらく、それは不渡りを出したアメリカ（ワシントンD.C.）がしかけた中国への攻撃だ。中国のアジア結社は必ず仕返しをするだろう。

今後、こうした科学技術のせいで、混乱はますます深まりそうだ。

ここで、アメリカ旧体制勢の政治家ナンシー・ペロシの話題をひとつ紹介したい。CNNなどの大手マスコミの前に登場した最近のペロシの映像を見ると、普段の彼女よりかなり若々しかった。NSA筋によると、本人はすでに拘束状態。そこに映っているのは、できの悪いペロシの影武者だったという。

そろそろCGによる旧体制勢のごまかしも限界に来ているようだ。

〈彼ら〉が人類の大量殺戮を企む理由

ただし、パンデミック騒動自体はインチキでも、ワクチンと5Gの電磁波によって本気で人類の大量殺戮《さつりく》を企んでいる連中がいるのはたしかだ。

イギリスに本社を置くボーダフォン（日本では現・ソフトバンク）の元幹部筋によると、ボーダフォンは中国のファーウェイとともに5G展開を猛烈にプッシュしている。

しかし、同筋や多くの専門家らは、「5Gのきわめてエネルギーが高い電磁波は武器といっても過言ではないレベルだ」と伝えてきた。もともと5Gは兵器としての使用を前提として開発が始まった技術だ。5Gの電磁波は人々の細胞を破壊する。

そして、多くの場合、それによる健康被害者や死亡者は新型コロナウイルスが原因だとごまかされている。

同筋によると、5Gの危険性については、「世界最大規模の隠蔽工作が展開されている」という。その証言は「vimeo.com」に掲載されていた。

さらに危険なのは、これから始まる「新型コロナウイルス予防ワクチン」の投与キャンペーンだ。このワクチンにより、人体に半導体を埋め込む計画が始まろうとしている。

それに関連して、ビル・ゲイツがコロナワクチンを受けた人を特定するための「デジタル証明書」の発行を広く呼びかけた。

そんななか、アメリカ・ワシントンD.C.に巣くうハザールマフィアは大量逮捕劇を回避するため、カリフォルニア州で武力戦に突入した。それにともない、2020年4月10日にはカリフォルニア州知事ギャビン・ニューサムが「アメリカ連邦政府からの独立」を宣言した。

カリフォルニア州に住む知人によると、ロサンゼルスには戦車などの軍用車両が配備されていたという。

また、カリフォルニア州やネバダ州の「エリア51」(グルーム・レイク空軍基地)周辺の地下施設では激しい戦闘が続いているとの情報もペンタゴン筋から寄せられていた。その戦いによって4万人近くの児童が地下施設から保護されたという。

そのため、悪魔を崇拝するハザールマフィアらは子どもたちの血液から採取していた若返りの成分「アドレノクロム」を入手することができなくなった。その影響で、たとえば歌手のマドンナの発言は不安定になり、容姿の劣化も急激に進んだ。また、サウジアラビア王族メンバーのなかにも禁断症状で死亡するケースが出たという。

もちろん、表向きには、それらはすべて新型コロナウイルスのせいにされている。

ハザールマフィアらがアドレノクロムのみならず人肉も好んで食していたということは、すでに多くの人に知られている。たとえば、「cannibalclub.org」には人肉料理を提供しているレストランの実際のメニューが掲載されている。

そうしたことが、より多くの一般市民に知れ渡るようになれば、当然ながら、彼らは強烈な吊し上げを食うことになるだろう。

パンデミックの裏側で起こっていたインサイダー取引

現在、世界の旧体制の支配階級が精神を病んでいるとしかいいようのない状況が続いている。混乱は日々深まるばかりだ。

ここまで世界の権力構図を理解した人なら承知のことだが、いま起きている騒動は何千年も前から脈々と地球を支配してきた一族郎党の崩壊劇だ。

そのため、世界人類は、きわめて危険な時間を過ごさざるをえない状況に置かれている。とくにいまは5Gの電磁波に注意が必要だ。

世界の旧体制勢はテレビが発する低周波で大衆を骨抜き状態にしながら朝から晩まで恐怖心を煽る「新型コロナウイルス情報」をまき散らした。しかし、それだけでは大衆のコントロールは不十分であり、支配力が弱まった彼らは並行して5Gの電磁波を使ってさらなる工作を続けている。

一方、放送通信事業の規制監督を行うアメリカ政府の独立機関「連邦通信委員会」（FCC）をはじめ、科学者や研究者、イギリス当局、ペンタゴンなど知識を持った多くの専門家らは、ずっと「5Gは非常に危険である」と警鐘を鳴らし続けてきた。

いまや世界中の多くの人々が新型コロナウイルスによるパンデミック騒動のウソに気づき始めた。何よりWHO（世界保健機関）が公表する統計そのものが世界規模のパニックがインチキだったことを証明していたのだ。

今回のパンデミック騒動が全人類に対してしかけられた心理、情報戦であることは明らかだ。しかも、それをしかけた勢力の目的のひとつは「騒動に乗じてインサイダー取引で利益を得ること」だったとMI6筋は伝えた。

実際、次の記事のとおり、一般市民や中小企業が苦しい思いをしている一方で、パンデミック騒動以降、世界の大富豪たちは全体的に富を急増させた。

［チューリヒ　7日（引用者注＝2020年10月）　ロイター］ UBSとPwCのリポートによると、世界の富裕層の保有資産が過去最高に達し、10兆ドルの大台を突破した。株価の上昇のほか、ハイテクやヘルスケアセクターの富の拡大が背景にある。

同リポートによると、富裕層全体の富のおよそ98％を占める2000人強（訂正）の保有資産は、7月時点で10兆2000億ドルとなり、新型コロナウイルスのパンデミック（大流行）のさなかに25％超拡大。これまでの過去最高だった2019年末の8兆9000億ドルを抜いた。

（https://jp.reuters.com/article/global-wealth-ubs-idJPKBN26S0O2）

生産性向上のためチップを埋め込まれる労働者たち

さらに、このインチキ・パンデミック騒動で浮き彫りになったのは、「表に出ている世界中の多くの指導者とマスコミがグルになって一般市民に大ウソをついている」ということ。それと同時に、「世界の指導者たちに命令を下している陰の権力者」の存在も明るみに出たといえる。

世界中の多くの指導者は命令を受けて動く〝役者〟にすぎない。結局、パンデミック騒動が始まったあとの言動から、G7加盟国の指導者、ロシアのプーチン大統領、国連などがみんな同じ勢力の命令で動いていることが露呈した。

たとえば、アメリカ大統領選を争っていたトランプとバイデンの双方が〝存在しないパンデミック〟のために「全国民にワクチンを打つ」と約束した。プーチンもロシア国内でワクチンの接種を始めた。

以前からリポートしているとおり、ワクチン接種の目的は遠隔でデータを読み取ることができるRFIDチップを大衆に埋め込み、それをデジタル通貨と連動させること。そして、チップが埋め込まれていない人たち（＝ワクチン接種を拒否する人たち）にはお金が供給されない仕組みをつくりだし、地球を人間牧場にする計画だ。

最近、それを裏づけるような調査結果をアメリカに本拠を置く多国籍情報テクノロジー企業シトリックス・システムズが公表した。

それによると、ビジネスリーダーの10人に8人（77％）が「体内に埋め込まれたチップとセンサーが2035年までに労働者のパフォーマンスと生産性を向上させる」と考えているという。

さらに、その報告書には、「体内にチップが埋め込まれていないと出世できなくなる可能性が高い」とも書かれている。

ドナルド・トランプの「影武者」疑惑

さらに、ペンタゴン筋によると、5Gの電磁波はGPS（グローバル・ポジショニング・システム）を狂わせるため、導入すれば核ミサイルが制御不能になるという。そんななか、マイク・ポンペオ国務長官やウィリアム・バー司法長官などがペンタゴンに対抗して5Gの展開を猛プッシュしていた。

結論として、5Gを推進しているすべての政治家や企業家を逮捕すれば、ヒステリックなウイルス騒動は止めることができる。そして、「それに向けて、ペンタゴンがトランプを影武者に置き換えた」とNSA筋は伝えていた。

これは第2章でも触れたが、彼らいわく、トランプの影武者は目の周囲が白くなっているのが特徴だそうだ。

これについて、トランプと個人的なつきあいのあるCIA筋にくわしく尋ねたところ、「トランプは生きているが、皮膚ガン治療で湿布薬を貼っているため、公の場には影武者を出している」との返答があった。

いずれにせよ、その「新トランプ」はツイッター上でバージニア州やミネソタ州、ミシガン州の解放を呼びかけていた。

また、アメリカ軍はニューヨークとワシントンD.C.にそれぞれ1万人規模の軍隊を配備し、政治家など欧米エリートの逮捕に備えた。

その一方で、大手の企業プロパガンダ・マスコミは、その動きに対抗して、バイデンを筆頭とする「影の政府」の決起を呼びかけた。

それ以外にも、パンデミック騒動の一環で大量の囚人が釈放されたため、アメリカがさらなる混乱と情勢不安に見舞われるのは必至だ。

しかし、このカオスの発端は新型コロナウイルスなどではなく、アメリカ政府が出した不渡りが原因。それにともなって対外支払いが滞っているアメリカへの各国の輸出が止まり、一時期はロサンゼルスの港のコンテナは5割も減少した。さらにはアメリカ国内の経済活動も記録的な縮小を見せた。

そうしたアメリカの混乱に鑑み、アメリカ軍はアフガニスタン、サウジアラビア、シリア、イラクなどから撤退を始めた。いずれ日本と韓国からの撤退もありうるだろう。また、日本にとって非常に興味深い展開として、アメリカ空軍がグアムから撤退を始めたようだ。

北朝鮮・金正恩「電磁波攻撃」の狙い

2020年4月、CIA筋から「北朝鮮の最高指導者、金正恩がアメリカと韓国の共同工作によって暗殺された」との情報が寄せられた。

第4章でも触れたとおり、2019年6月30日、トランプと韓国の文在寅《ムンジェイン》大統領が板門店で金正恩との面会を果たした際、金正恩は体内の電気信号を狂わす電磁波攻撃を受けたという。同筋はその電磁波攻撃の瞬間も捉えていた。

それ以降、金正恩の体調がよくない状態が続いた。

一般のニュース報道では2020年4月21日、CNNが「北朝鮮の金正恩朝鮮労働党委員長が手術後、重体に陥ったとの情報がある」と重篤説の第一報を報じた。

CIA筋によると、金正恩が暗殺されるにいたった理由のひとつは、子どものころから人が殺される場面を娯楽として好んで見るなど、かなり悪質な独裁者だったからだという。

しかし、本当の狙いは「北朝鮮の鉱物資源」だろう。

さらに、同筋は「日本の安倍政権もそう長くはない」と話していたし、実際にそのとおりになった。「トランプも長く権力の座に残ることはない」とも話していた。

最近、世界権力の最高峰では死亡率がきわめて高い。よくよく見てみると、以前は頻繁にニュースに登場していたような政治家や大企業のCEO（最高経営責任者）、セレブなど多くの有力者たちが表舞台から消えた。そうして追いつめられたハザールマフィアは相変わらずパンデミック騒動を煽って延命を図っている状況だ。

「次の狙い」は医療業界の大再編

ちなみに、新型コロナウイルスワクチンを開発したと話題のファイザーだが、同社の元主任科学者が、「新型コロナウイルスの陽性結果はすべてウソ。ワクチン営業のためだった」と告白した。

製薬会社はこれまで闇に包まれていたが、いま、そこにメスが入っている。とくにジョン・フィッツジェラルド・ケネディ元大統領の甥《おい》で反ワクチン活動家のロバート・ケネディ・ジュニア弁護士が活躍している。

ベイビー・ブッシュがアメリカ大統領になってから、テロ戦争で生物兵器をばらまくようになった。そこで「生物兵器対策を急がないといけない」という名目で、ワクチンにおいては製薬に必要だった従来の安全確認義務がなくなった。そこからワクチンの悪用が始まったのだ。

結果として、日本の場合、「子宮頸《けい》がん予防ワクチン」との触れ込みで摂取されたHPV（Human Papilloma Virus）ワクチン（サーバリックスとガーダシル）で全身の疼痛《とうつう》、知覚障害、運動障害、記憶障害などの深刻な副作用被害を受けた人が全国で発生した。ほかにもワクチンが原因と考えられる自閉症も蔓延《まんえん》した。

だから、金融業界の次に改革のメスが入るのは製薬会社をはじめとする医療業界だろう。これからどんどんスキャンダルが出てくる。

たとえば、ガン治療は闇が深い。

古代エジプトのミイラは数万体あるが、1体もガンが見つかっていない。それに比べて、現代人はふたりにひとりがガンを発症する。なぜなら、ガンを誘発する成分が意図的に食物に混入されているからだ。

たとえば、「亜硝酸塩」がそれだ。日本では明太子《めんたいこ》、ソーセージ、ベーコン、酢、ワインなど、さまざまなものに入っている。わざとガンを広げているとしか思えない。

昔の医療詐欺で、人に毒を飲ませ、それを難病と称して治療し、お金を搾り尽くして徐々に患者を殺すというものがあった。その現代版が抗がん剤なのだ。

筆者は医療業界のスキャンダルがこれから大きくなると思うし、そうなれば、おそらくガンはなくなるだろう。

アメリカの場合、医療費がGDPの17%で、他国と比べて倍以上にもかかわらず、年々寿命が短くなっている。そのお金の流れを見ると、ほとんどが医者や看護師ではなく、医療関係者ではない、素性がよくわからない連中に流れている。

これから医師会で逮捕劇が始まるだろう。これもロックフェラー・グループがつくったのが大本。そこにもメスが入る。すでに医療ITにはメスが入り始めた。それはトランプの動きからもわかった。

医療業界は保険制度を変えて、人が元気になるほど医者が儲《もう》かるという仕組みに変えればいい。たとえば、すでに治療可能な難病がある。それは老化だ。今後、老化で死ななくてすむように、人が1000年間生きられるような技術が出てくる。以前、製薬会社の開発者に言われたのが、欧米医療に大きなタブーがあるということだ。

不健康を治療する医療はOKだが、健康状態をもっと強くする、たとえば頭をよくする、健康で長生きするための医療というのがタブー視されていた。今後はそういう技術を高めるために、ドーピング・オリンピックなど肉体を強化する実験をどんどんすればいいと思う。

大手メディアの「宇宙キャンペーン」に隠された意図

話題は少し変わるが、新型コロナウイルス騒動後、欧米の大手マスコミがUFOやエイリアンなどを含む宇宙関連の話題をしきりに報じてきた。

インチキ・パンデミック騒動で一般市民の統制が図れなくなったからか、アメリカ権力層が「宇宙人による地球侵略」という偽のシナリオを急いで発動しようとしているサインがいくつも見られている。

まずは、2020年8月の大手マスコミによる〝宇宙キャンペーン〟の記事の一部引用をごらんいただきたい。

今年6月に民間の宇宙船として初めて国際宇宙ステーション（ISS）へのドッキングに成功した、アメリカ宇宙開発企業スペースX（エックス）の宇宙船「クルードラゴン」が2日午後2時48分ごろ、宇宙飛行士2人を乗せて南部フロリダ州沖に着水した。（BBC）

筆者は宇宙キャンペーンにまつわる不思議な体験をしたことがある。

経済ビジネスジャーナリストとしてずっと仕事をしてきたが、9・11事件を書き始めたころから、ブラックリストに載って村八分にされて収入が途絶えた。

その後、いきなりいろいろな宇宙、UFOを扱う団体から招待が来た。筆者はお金が必要だったから講師となった。それにより、筆者に対して「宇宙やUFOなどとわけのわからないことを話している」というネガティブキャンペーンのダシにもされたが、講演ではこれまでの筆者の主張はひとつも曲げずに話していた。

いずれにせよ、宇宙関係の話はさまざまな人が記者会見や証言をしているが、すべて証拠らしい証拠が出てこないというのが大きなポイントだ。

しかし、なぜか日本でもアメリカでも宇宙軍がつくられている。そこが謎に包まれている。

宇宙関係の話にはすごく矛盾が多い。というのは、たとえば、1960年代、アポロ計画で月に行ったとされていた。しかし、1990年代、2000年代になって、NASA（アメリカ航空宇宙局）が地球のイオン層を抜ける方法を編み出したかもしれないという発表をした。そこで、「1960年代に月に行ったという話は本当なのか」という疑問が生まれた。

ほかにも、過去には木星やその先のさまざまな星に行くという話もあったが、やがてピタッとやんだ。人類が地球の外に出られなくなったとしか思えないくらい、誰も月に行かなくなったのだ。

考えられる可能性のひとつは地球人が宇宙人によって監禁されているということ。なぜなら、地球人は産業機械化された戦争をする種だから。東京のど真ん中にトラやライオンを放せないのと同じ理由で、危険な人類を宇宙に出してはいけないと感じた宇宙人に監禁されているという説だ。

もうひとつの可能性は、われわれがデジタルなシミュレーション世界に住んでいるということ。要はスーパーマリオがゲーム機の外に出られないのと同じ状況で、シミュレーション世界の外に出られないという説だ。

アメリカ政府幹部などの調査によれば、9・11以降、不思議なことに、アメリカの軍事予算から23兆ドルもの大金が消えていたという。年間予算に換算して約40年分にものぼる額だ。

果たして、そのお金はどこに行ったのか。宇宙開発に使われたのか、はたまた別の用途があったのか。いまだに謎として残されている。

南極地下にいた「ナチス科学者」の行方

第2次世界大戦中の1942年、ナチス・ドイツには「われわれが負けるのは時間の問題だ」という認識があった。

そのため、最新兵器や、優秀な科学者1200名、それから2400名の女性を南極の地下基地に避難させた。それがいまはノルウェーの南極基地ということになっている。

ここを調査してみると、氷の下に火山、温泉のようなものが出てきて、大きな空洞が見つかった。その空洞には潜水艦で入れたという。そこにみんな引っ越していたようだ。

第2次世界大戦後、アメリカは大艦隊を編成し、リチャード・バード提督を南極に送り込んだ。調査の途中、そのバード提督が約2週間行方不明になってしまったが、やがて戻ってきた。

その後、南極から北極まで20分で行ける、海に飛び込む円盤が見つかった、アメリカの艦隊がその円盤に攻撃されて撤退する羽目になったといった謎のニュースが南米の新聞に出た。

これは都市伝説が好きな人がよく話す有名なエピソードだ。

じつは筆者はタイでバードの甥っ子（CIA幹部）のところに行ったことがある。

彼によると、バードが南極の地下基地に行った際、ナチスの科学者に招待されたという。そこで、「われわれは反重力装置などのすごい科学力を持っている」とアピールされた。

すると、バードは「何もこんな寒いところで研究する必要はない。それならアリゾナ州の人目のつかないところで研究すればいい」と提案。それで誕生したのが「エリア51」というわけだ。

ナチスは自分たちの次世代飛行技術を隠滅するため、第2次世界大戦のときも宇宙人説を流していた。エリア51がらみの宇宙人話の裏側ではナチスの残党が次世代軍事技術研究をしていた。

ナチスがすでに開発していた反重力技術を一般に紹介しなかった理由は、宇宙人による地球侵略というシナリオをいずれ演出するために準備をしていたからだ。だから、アメリカの軍事予算から消えた23兆ドルがそうした宇宙船の製造に使われたのではないかという説も浮上したのだ。

それがもし本当なら、すでに宇宙で生活している人類がいる可能性がある。それを一般人には内緒にしているだけで、いずれそれが公開されるかもしれない。円盤に乗って東京とニューヨークのあいだを20分で行けるといったことが実現するかどうかが、今後の見どころだ。

じつは筆者は財界人の大物から旧日本軍の武器開発技術者を紹介されたことがある。彼は第2次世界大戦の終わりごろ、満州《まんしゅう》でナチスの円盤に乗ったことがあると話していた。最初は怖いから犬を乗せてみて、それで大丈夫そうだったから、自分たちも乗ってみたらしい。

いずれにせよ、秘密の宇宙プログラムが今後、一般公開されるかどうか。最近、アメリカ軍のラジオ「アメリカ軍放送網」（AFN）を聞いているとき、宇宙船勤務の募集広告が流れていた。なぜ「宇宙船」なのか、筆者にはいまだに謎として残っている。

頻繁にすり替えられている世界の指導者たち

かつて筆者はNTTの研究所で「液晶画面の解像度が一定以上の水準に達するとホログラムができ、現実と識別できないほどリアルなものが可能になる」と聞いたことがある。自分の部屋が海になったり、宇宙になったり、ホログラムで自在にコントロールできるのだという。

映画『マトリックス』であったように、寝たきりでバーチャル世界で動き回ったり、インターネットでデータをダウンロードして宇宙旅行したりできる可能性も科学技術の進歩で出てきた。

また、AIについて思うのは、AIは刀と同じで使い方次第だということだ。

アメリカの企業のほとんどの利益は金融だった。その利益の大本を見ると高速取引で、さらにその大本はAIだった。要はAI同士が競い合ってアメリカの企業利益をつくっていたのだ。

その利益が政治家にも回っていた。

しかし、そこには実体経済がなく、天文学的な数字「京《けい》」やそれ以上の数字のお金がすべてAIでコントロールされていた。それがいま、金融システム変革のなかですべて止められている。

最近、大きな問題となっているのが「ディープフェイク」だ。たとえば、CGでアメリカのオバマ元大統領があたかもその場で話しているかのように見せかけることができる技術で、それを一般人が識別するのはとても難しい。

これを当局では「マンデラエフェクト」と呼んでいる。

1980年代、ネクソン・マンデラという南アフリカの指導者が刑務所内で亡くなった。その事実を公表したら国内で暴動が起こるのがわかっていたから、結局、マンデラに似せた役者を雇い、釈放したかたちに見せかけた。黒人と白人の新しい仕組みを円満に持っていくため、当局が仕組んだ脚本だったのだ。

その偽マンデラが釈放後に夫人と離婚した。その理由は夫人いわく、「結婚した相手とはまるで違っていたから」だ。

このマンデラエフェクトと同様の手法はロシアでも使われた。

本物のプーチンは旧ソ連のＫＧＢ（国家保安委員会）に在籍しているとき、しばらく東ドイツにいた。ドイツ語も堪能で、ドイツ内のソ連人学生を監督していた。そのプーチンの前夫人のリュドミラが、のちにロシアの雑誌で「主人は殺害された。影武者に置き換えられて、一緒に住みたくなかったから離婚した」と告白した。ドイツの新聞でもリュドミラ本人が同じことをインタビューで話している。

ウソの指導者をどう識別するか。科学技術の進化とともに、だんだん難しくなっている。

当時はプーチンの耳と額の高さ、口とあごとのギャップなど整形手術できない箇所を比較して識別すると、影武者が６人ほどいることがわかった。

たしかに、写真を比べてみると、時代ごとにまったく異なっている。そっくりさんを整形したり、影武者のいとこなど親族で似ている人を整形したりして人材を集めていたようだ。１９８０年代の本物のプーチンと比べると、似ても似つかない。しかも、現在の影武者はドイツ語をまったく話せないのだ。

中国の習近平国家主席も同じだ。武漢が電磁波攻撃を受けてかなりの人が死んだ。同時期に習近平も死んだから、しばらく表に出なかった。いま表に出ているのはCGか影武者だ。筆者は直接、中国当局にそのことを聞いた。

とにかく、CGと影武者による世界の指導者のすり替えが頻繁に行われている。北朝鮮の金正恩も同じだ。

世界経済の分断を回避する「たったひとつの方法」

現在、世界で起きていることを見ると、人類を数千年間管理してきた勢力が失脚し、滅びようとしていることは明白だ。アメリカ大統領選がたんなる4年に1回の選挙ではないというのは、そういう理由だ。

欧米権力は三つに分かれている。一つ目はバチカンという独立地区。ここにはエジプトのオベリスクがあり、思想宗教担当だ。二つ目はロンドンのシティで、ここはイギリス領ではなく、オベリスクがあり、金融担当。そして三つ目がアメリカのワシントンD.C.で、ここにもオベリスクがある。ここもアメリカの領土ではなく、軍事担当だ。

このオベリスクは古代エジプト期のモニュメント。つまり、昔から人類を管理してきたのは古代エジプト王ファラオの血筋だということを示唆している。

世界を牛耳っている700名の上にダビデとカエサルの血筋を持つ欧州特権階級13血族、さらにその上にファラオの血筋の人間がいる。彼らが失脚すれば、人類はようやく人間牧場から解放される。

『アイランド』というアメリカ映画がある。地下世界でエリート層のクローン人間として生まれた主人公たちが、「地球は環境破壊に遭った。だから、ここに住んでいる」という記憶を刷り込まれる。そして、天国のような島に移住できるという権利を得られる抽選会があり、それに地下住民がみんなあこがれている。

しかし、主人公はあることをきっかけに、そこがホログラムでつくられたまやかしの世界で、臓器移植のコロニーだったと気づく。天国の島に行く人間は臓器を抜き取

られ、捨てられていた。そして、その臓器は富裕層の延命治療のために使われていた

――ざっくりいえば、そういうシナリオだ。

これと似たようなことが起こっているのが、いまの世界だ。悪魔崇拝者のハザールマフィアらによる人間牧場計画などが、まさにそれだ。

しかし、それも終焉《しゅうえん》を迎えようとしている。

このまま世界革命がうまくいけば、どんな人間でも何年も生きられるようになるし、超富裕層のような生活もできるようになるし、宇宙にも出られるかもしれない。ハザールマフィア壊滅の先には、そういう明るい未来が待っている。

いまは各勢力が拮抗しているが、いずれ悪い連中が敗北するのは時間の問題だ。数千年に一度の人類の変革が起きつつある。まやかしのマトリックスの世界が崩れ、その先に何があるのか。2021年以降の最大の見どころだ。

おわりに　コロナ禍の終息は、世界の分断も終息させる

ベンジャミン・ド・ロスチャイルドがスイスの自宅で、2021年1月15日、心臓発作によって亡くなったと報じられた。近年、ハザールマフィアの最高権力者に君臨していた人物だ。ただ、イスラエル諜報機関モサド筋からは「彼は死んでいない」との情報が寄せられている。どうやらベンジャミンは、みずからの死を偽装して、アルゼンチン南端の都市ウシュアイアのアジトに逃亡を図ったようだ。いずれにせよ、ハザールマフィアの最高権力者が失脚したことによる波及効果は大きい。

一方で、新型コロナウイルスのワクチンは当初、人体に半導体チップを埋め込む目的で開発されていたが、FSB筋によれば、遺伝子編集技術「クリスパー」を使ったヒトゲノムを変えるワクチンも開発されているという。これは昔からアメリカ軍が中東で宗教原理主義者を無神論者に変えるために研究されていたもの。要は人間の脳の構造を変え、おとなしく権力者の言うことに従う大衆を生み出そうというわけだ。

そんななか、日本では2021年2月、自衛隊の北富士《きたふじ》演習場でアメリカ海兵隊が射撃訓練中に大規模火災が発生した。アメリカ宇宙軍筋によれば、これはイスラエルにいる勢力がしかけた電磁波攻撃だったという。同13日の福島県沖の大地震も同様だ。そのあと、いきなり日本政府がワクチン接種を始めると発表した。ここから日本政府はハザールマフィアと新体制派の二大勢力のあいだで板挟みなのがわかる。

2021年の最大のポイントは、東西の結社や軍当局が和解して新体制を発表するかどうかだ。欧州では、イギリスはロシアと水面下で対EUの同盟を組むなど内部分裂しているが、アメリカは動かない。また、オランダ、イタリア、ミャンマーなどで激しい政権変化が起きている。今後はタイ、アルバニア、モンゴルなどで同じような激しい動きが起こるともいわれている。世界は非常に不安定な状態だが、いずれにせよ、5月末にはパンデミック騒動は終息し、分断された世界は新体制に向かって動いていく。

2021年2月

ベンジャミン・フルフォード

分断《ぶんだん》される世界経済《せかいけいざい》
「闇《やみ》の支配者《しはいしゃ》」が目論《もくろ》むポスト・コロナ時代《じだい》の新世界秩序《しんせかいちつじょ》

2021年4月 9 日　第1刷発行
2021年5月25日　第2刷発行

著　者　ベンジャミン・フルフォード

ブックデザイン　長久雅行
構　成　　大根田康介

発行人　畑 祐介
発行所　株式会社 清談社Publico
〒160-0021
東京都新宿区歌舞伎町2-46-8 新宿日章ビル4F
TEL：03-6302-1740　FAX：03-6892-1417

印刷所　中央精版印刷株式会社

ISBN 978-4-909979-15-5 C0033

清談社
Publico

http://seidansha.com/publico
Twitter @seidansha_p
Facebook http://www.facebook.com/seidansha.publico